Zeichnen mit dem Lineal

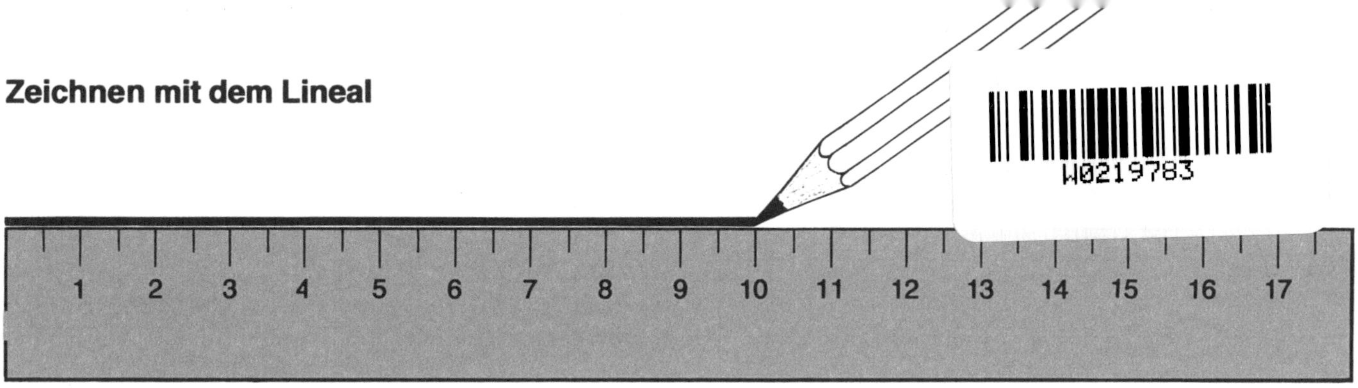

① Zeichne mit dem Lineal jeweils die Strecke von A nach B.

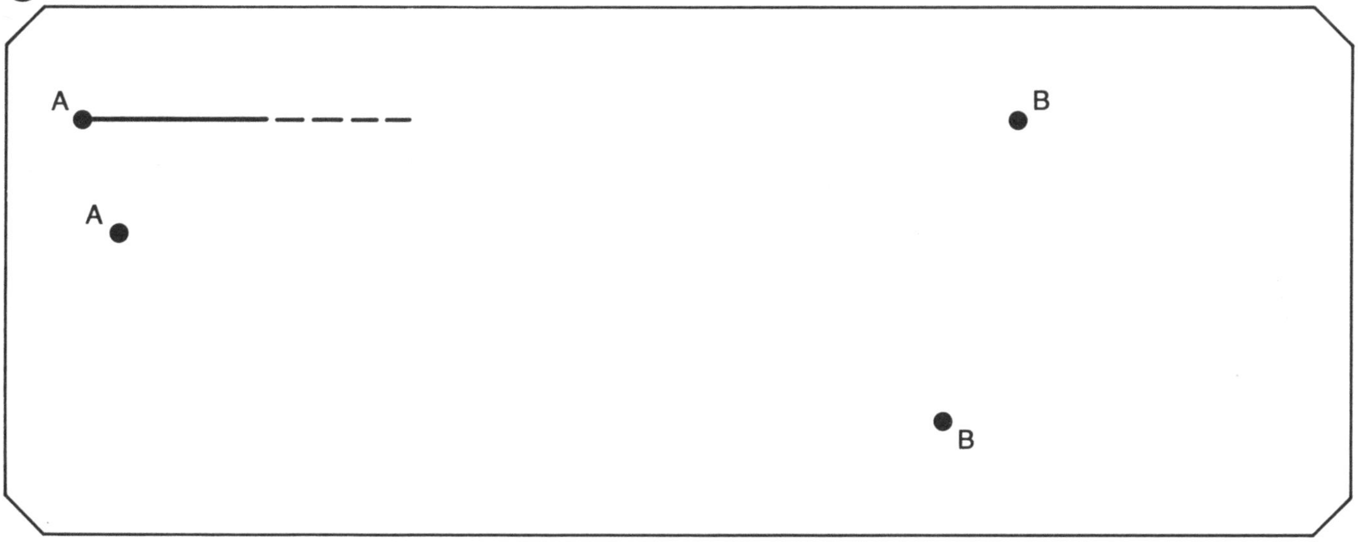

② Verbinde die Punkte in der Reihenfolge A - B - C - D - E - F - G - A.

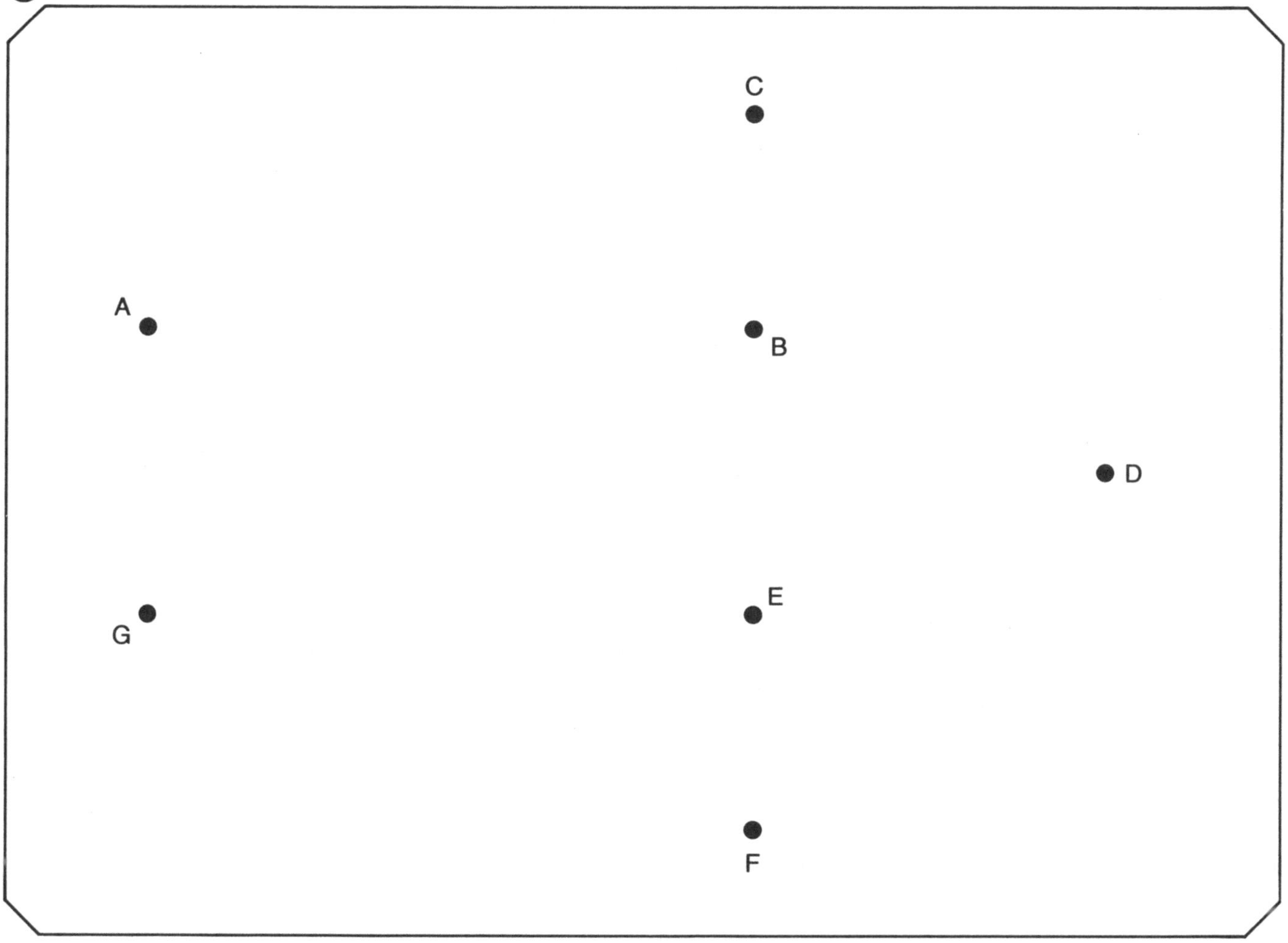

Quadrate und Rechtecke

① Verbinde die Punkte zu Quadraten.

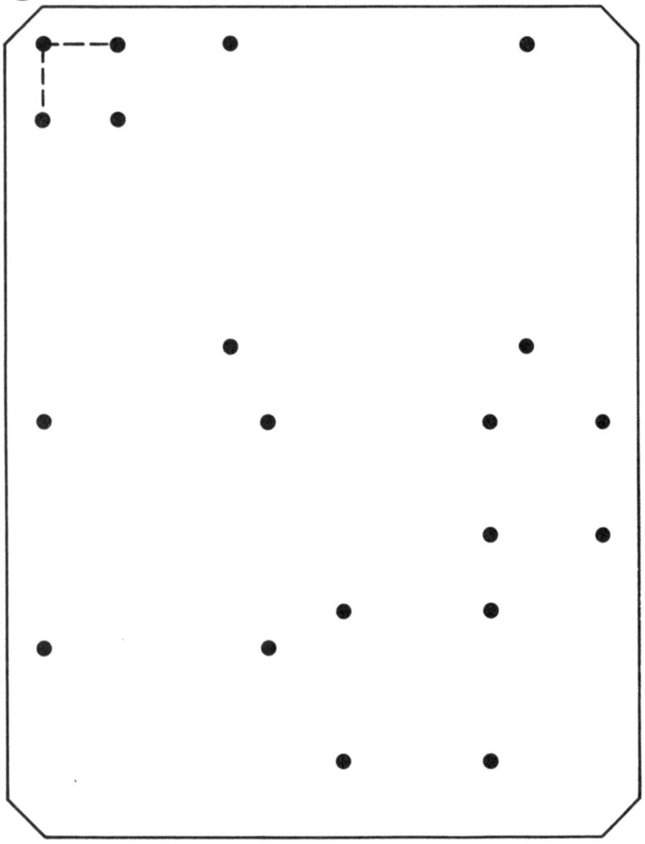

② Verbinde die Punkte zu Rechtecken.

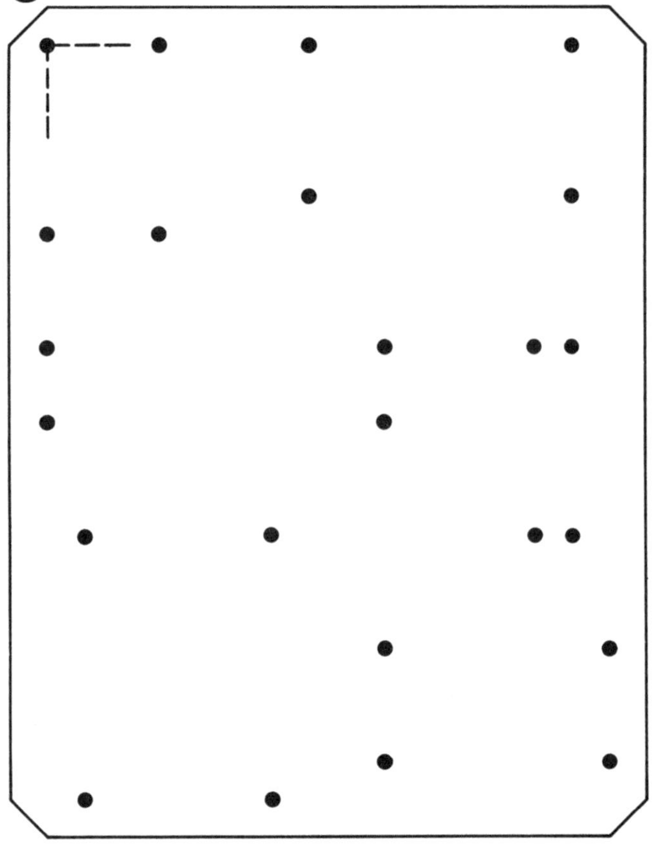

③ Zeichne die Quadrate und Rechtecke auf Kästchenpapier ab.
Umrande alle Quadrate rot und alle Rechtecke blau.

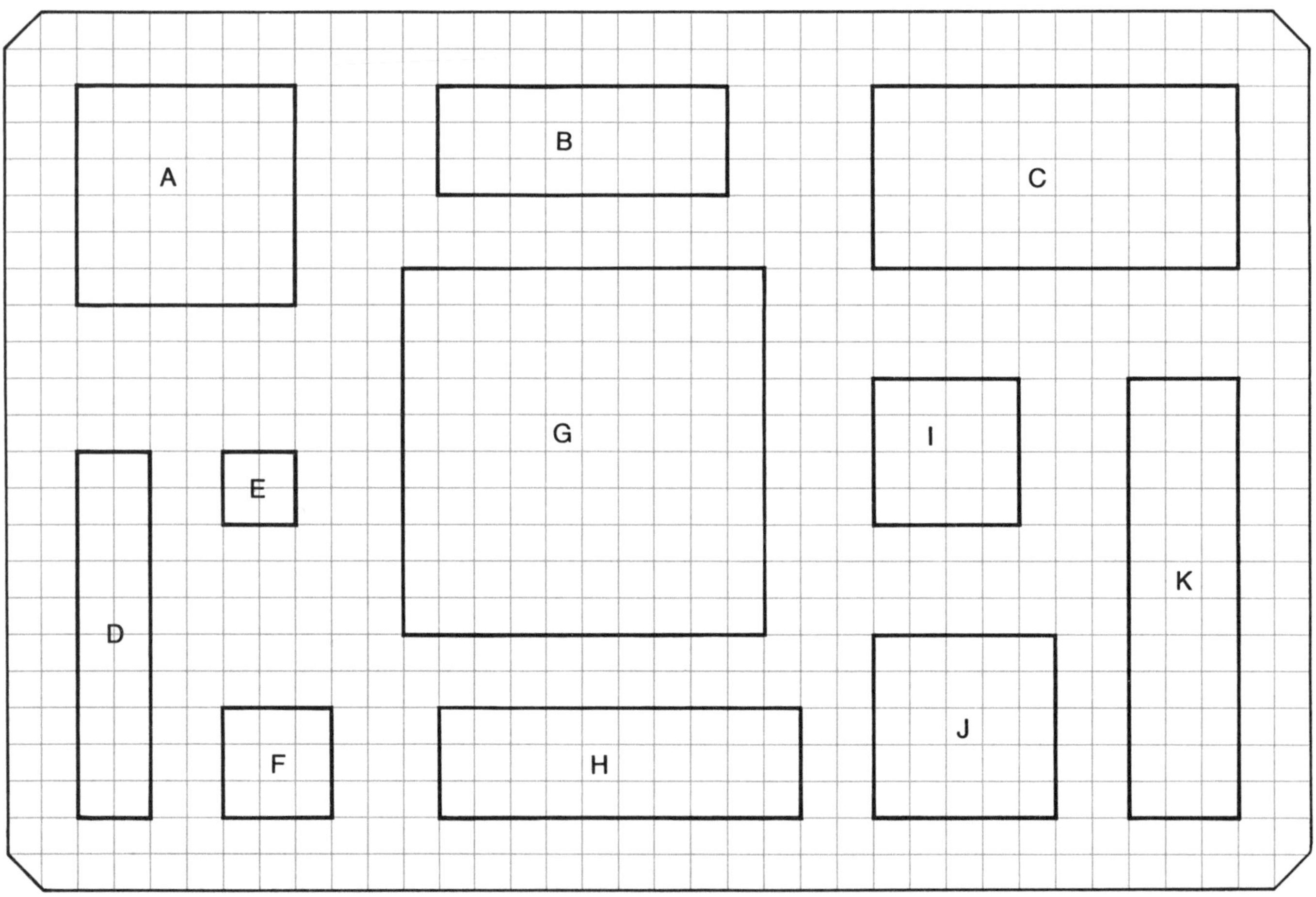

Dreiecke

① Verbinde die Punkte zu Dreiecken. Wie viele findest du?

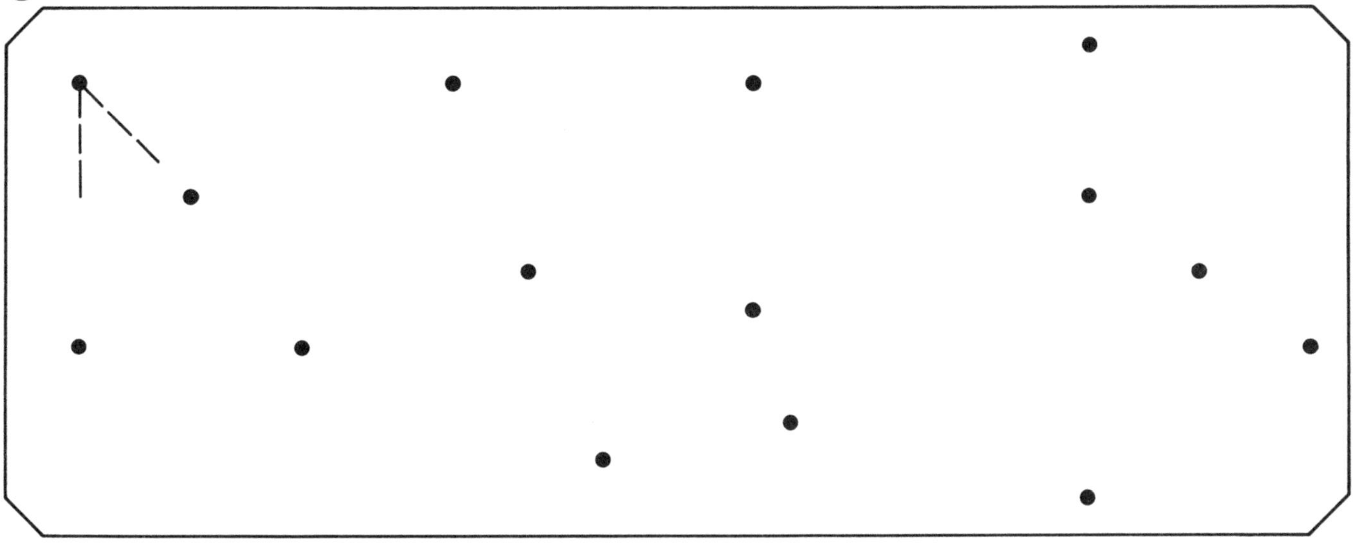

② Übertrage die Dreiecke in die unteren Felder.

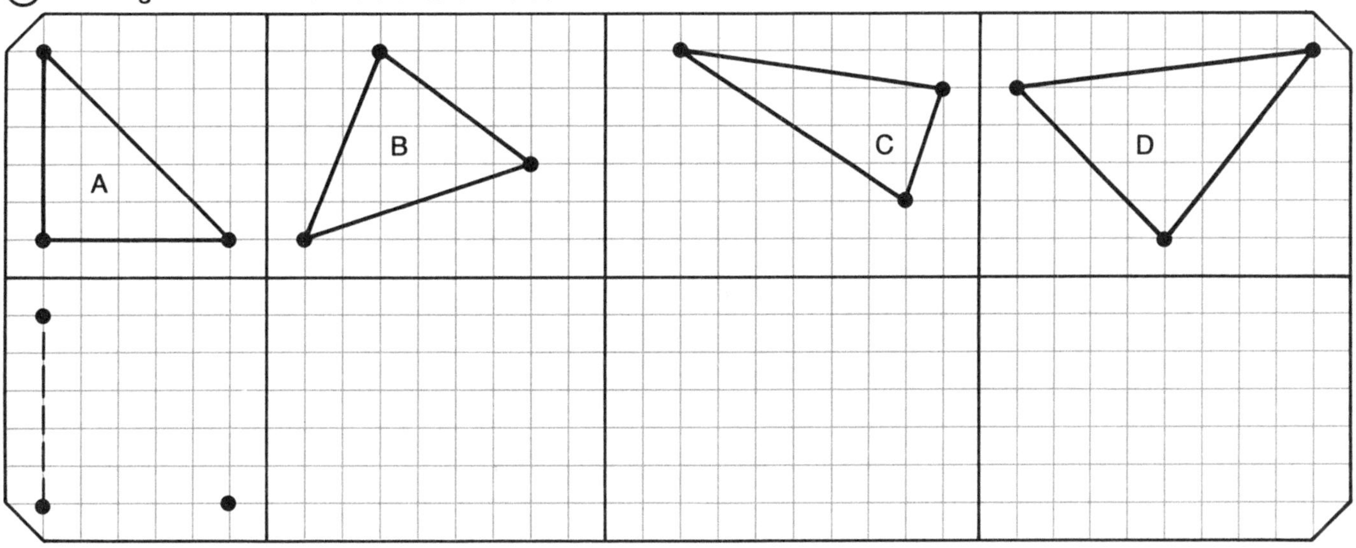

③ Zeichne die Dreiecke auf Kästchenpapier ab.
Tipp: Zeichne jeweils zunächst die 3 Eckpunkte.

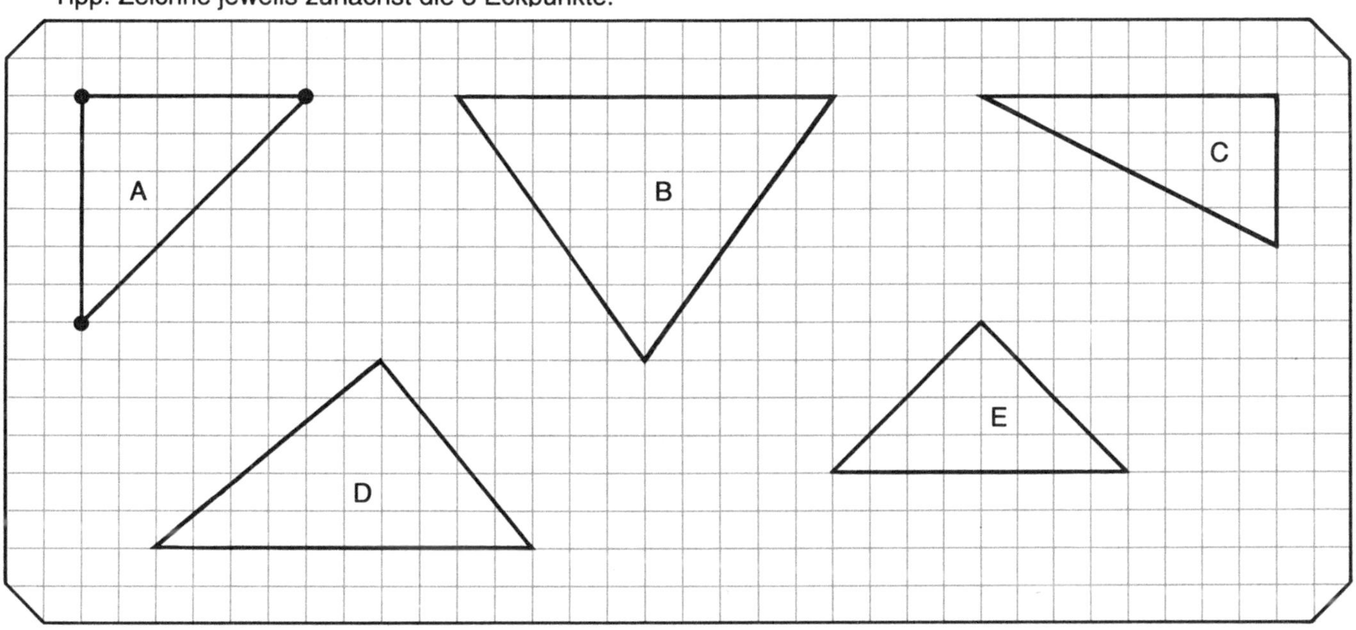

Quadrat, Rechteck, Dreieck

① Male alle Quadrate rot aus, alle Rechtecke blau und alle Dreiecke grün.

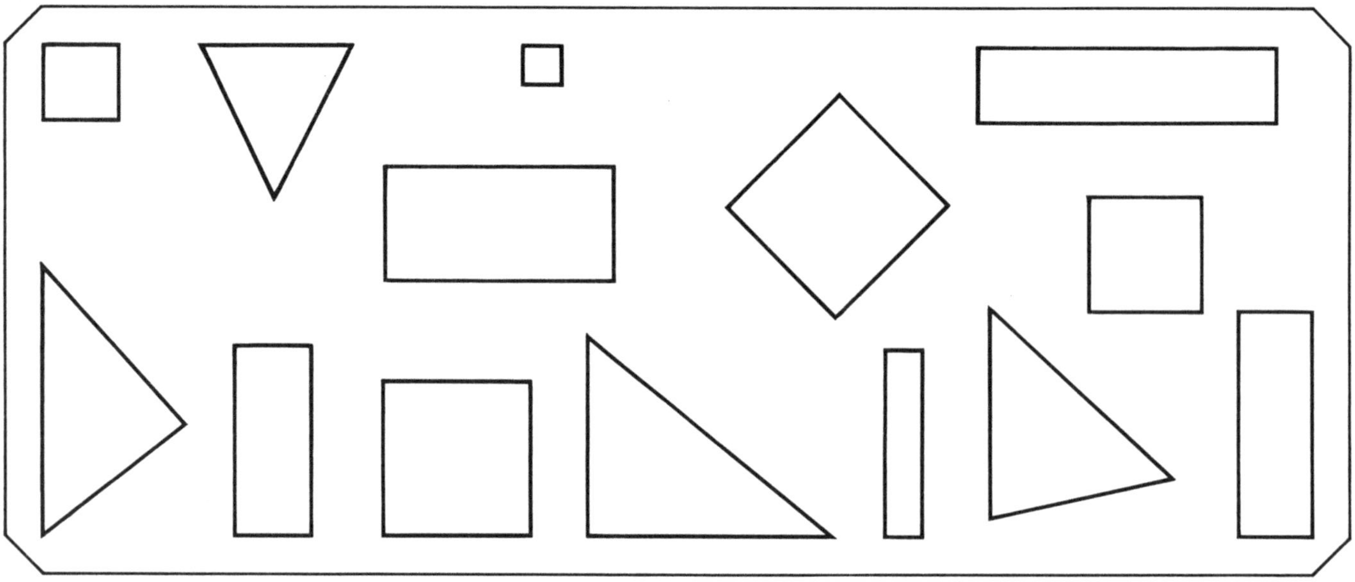

② Trage die Punkte in das Gitternetz ein. Verbinde sie in der angegebenen Reihenfolge.
Was für eine Figur erhältst du?

a) B2-F2-F5-B5-B2

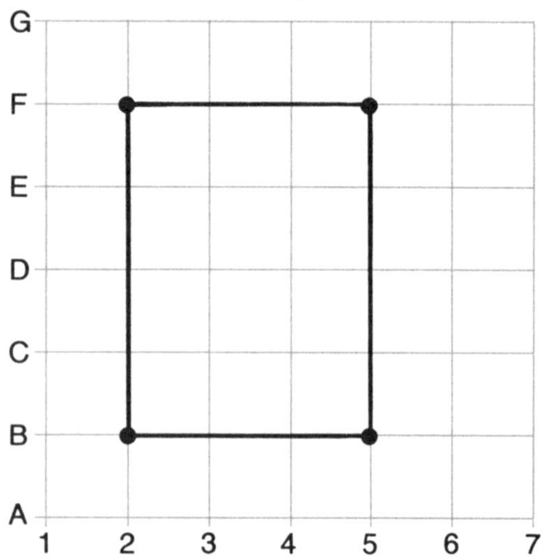

b) C3-F4-B6-C3

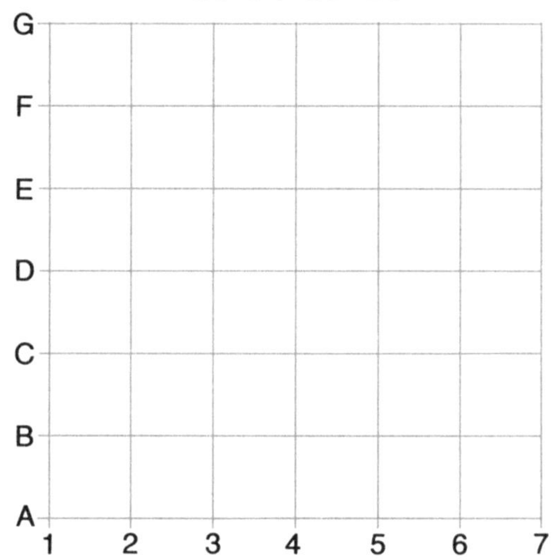

c) C4-E4-E6-C6-C4

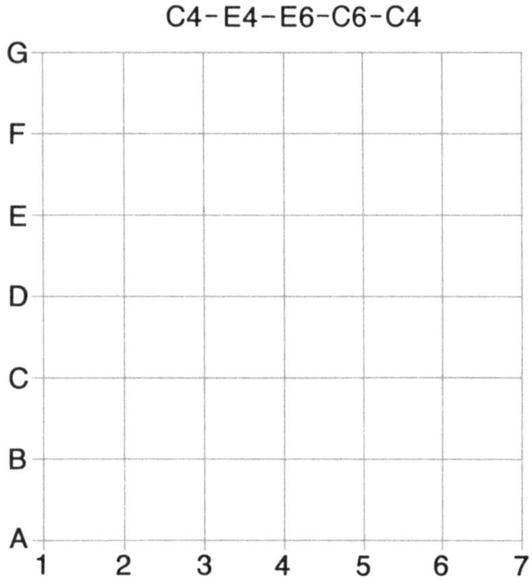

d) A2-D2-D6-A6-A2

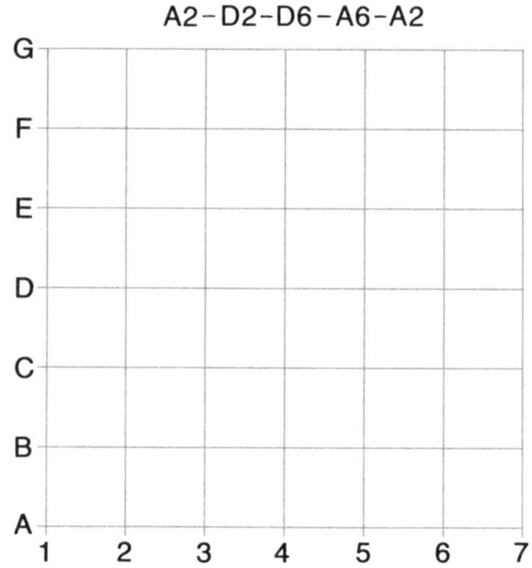

Muster

① Übertrage die Muster auf Kästchenpapier und zeichne sie weiter.

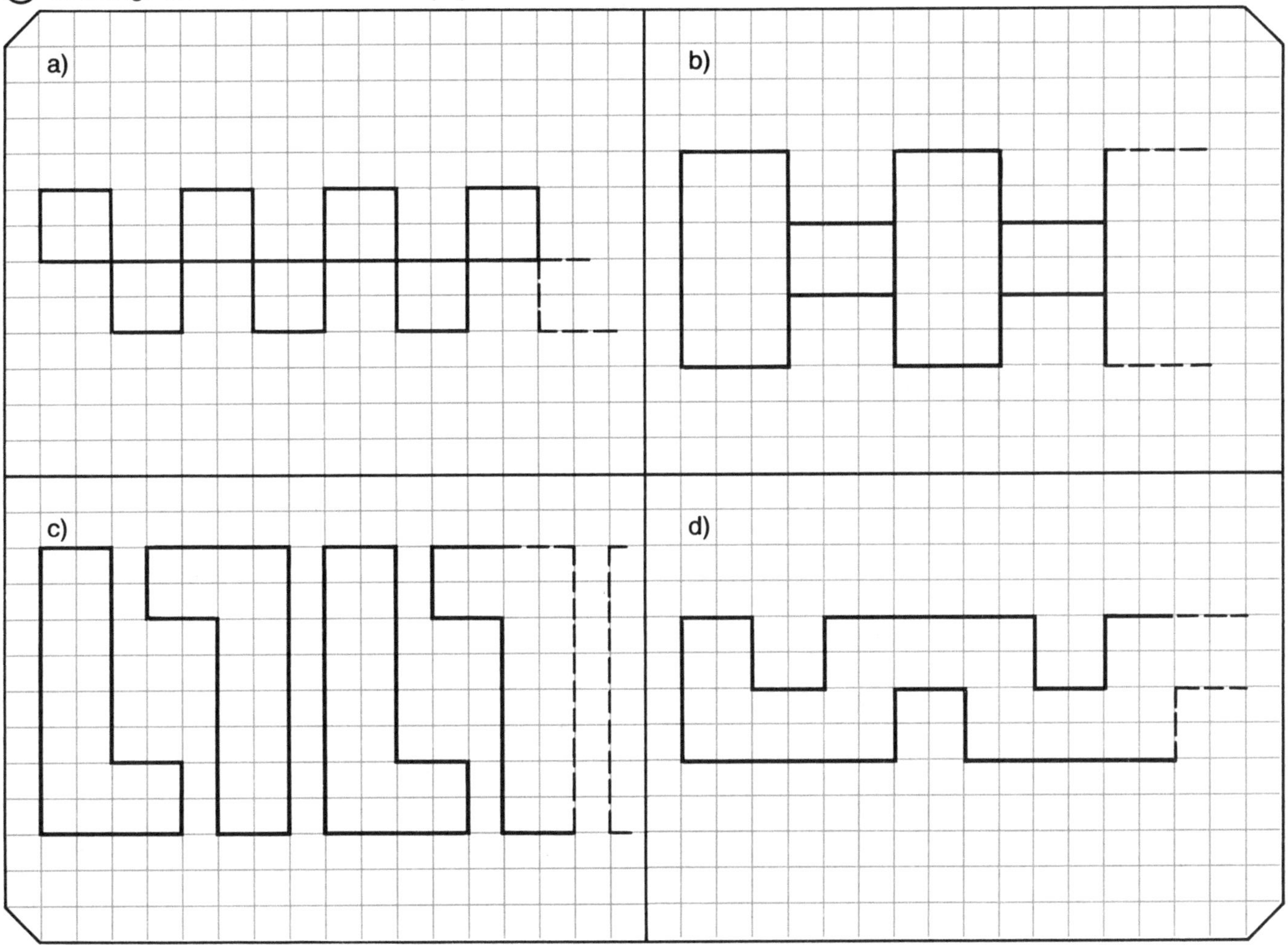

② Zeichne die Mauer fertig.

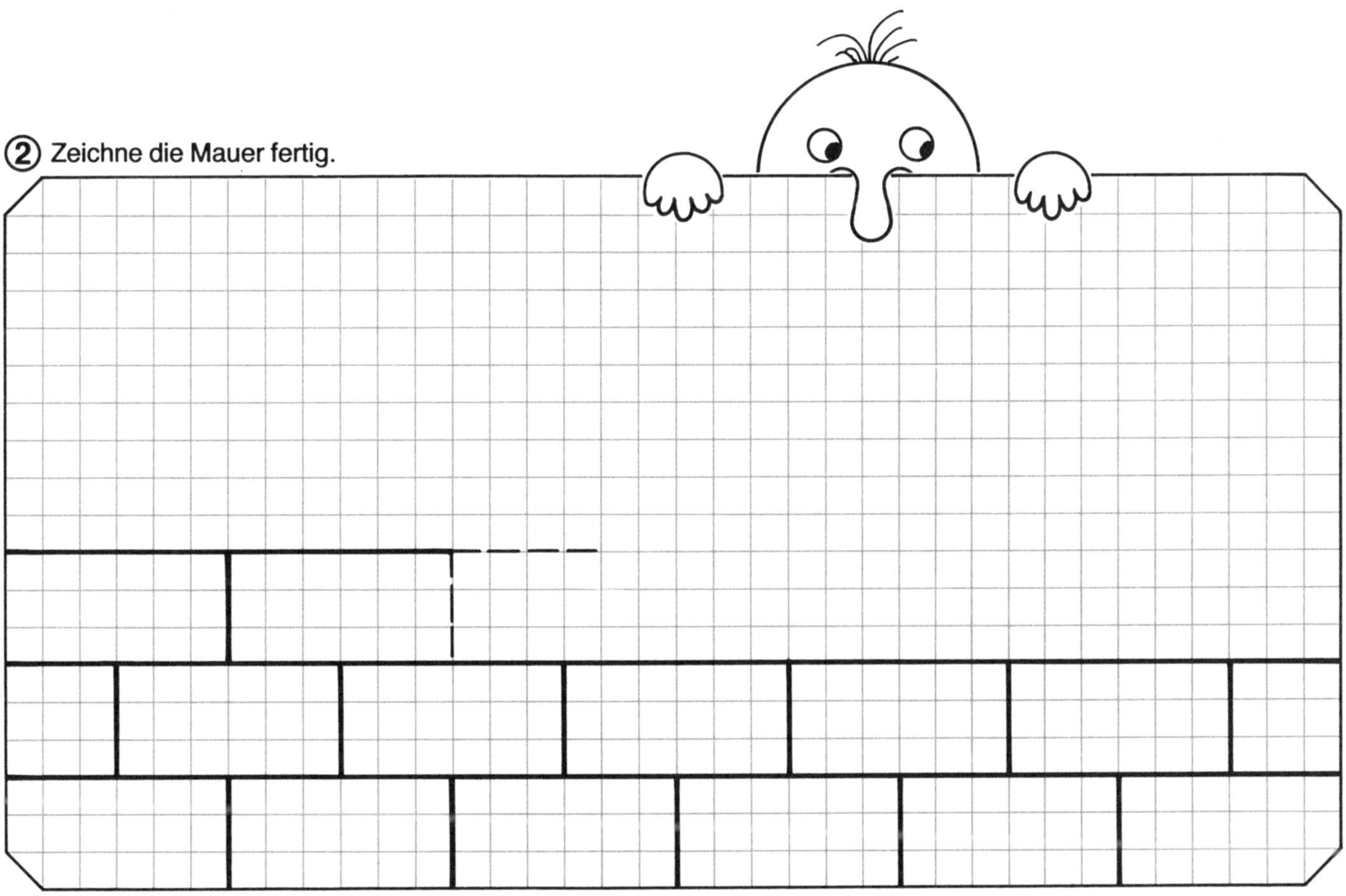

Vergrößern

Vergrößere die Figuren, indem du sie überträgst.

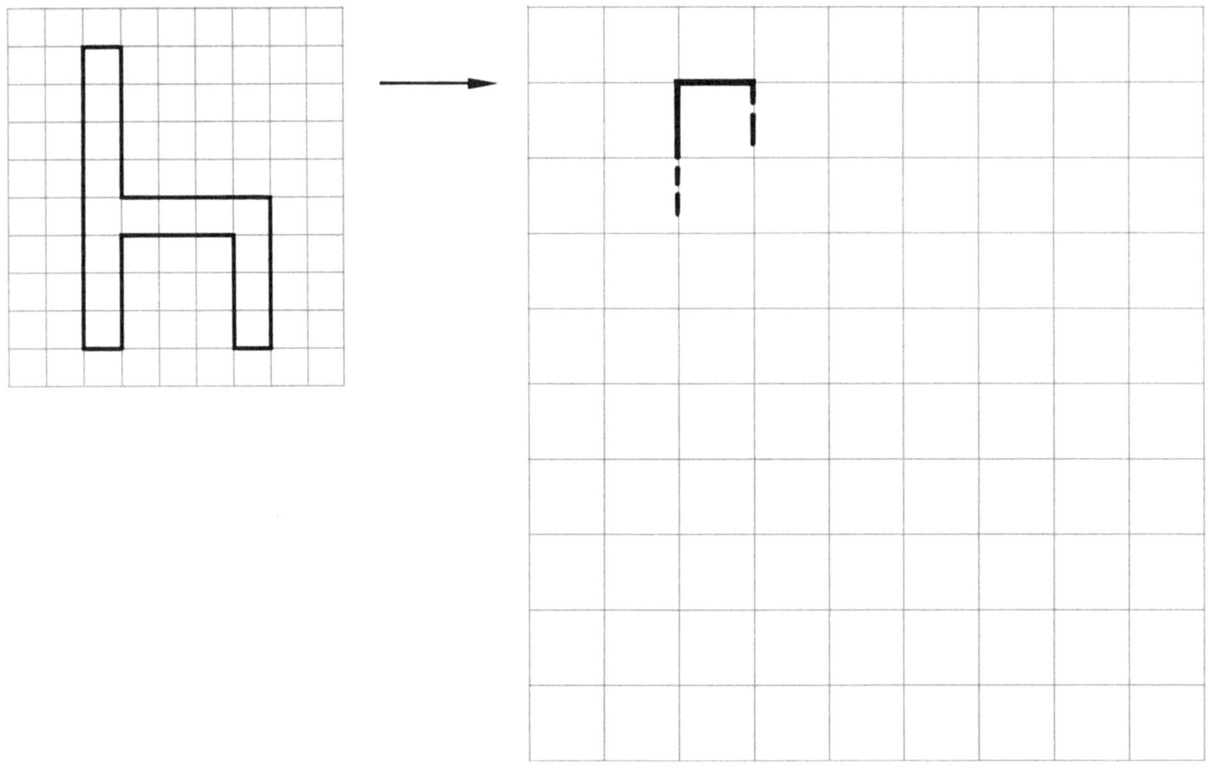

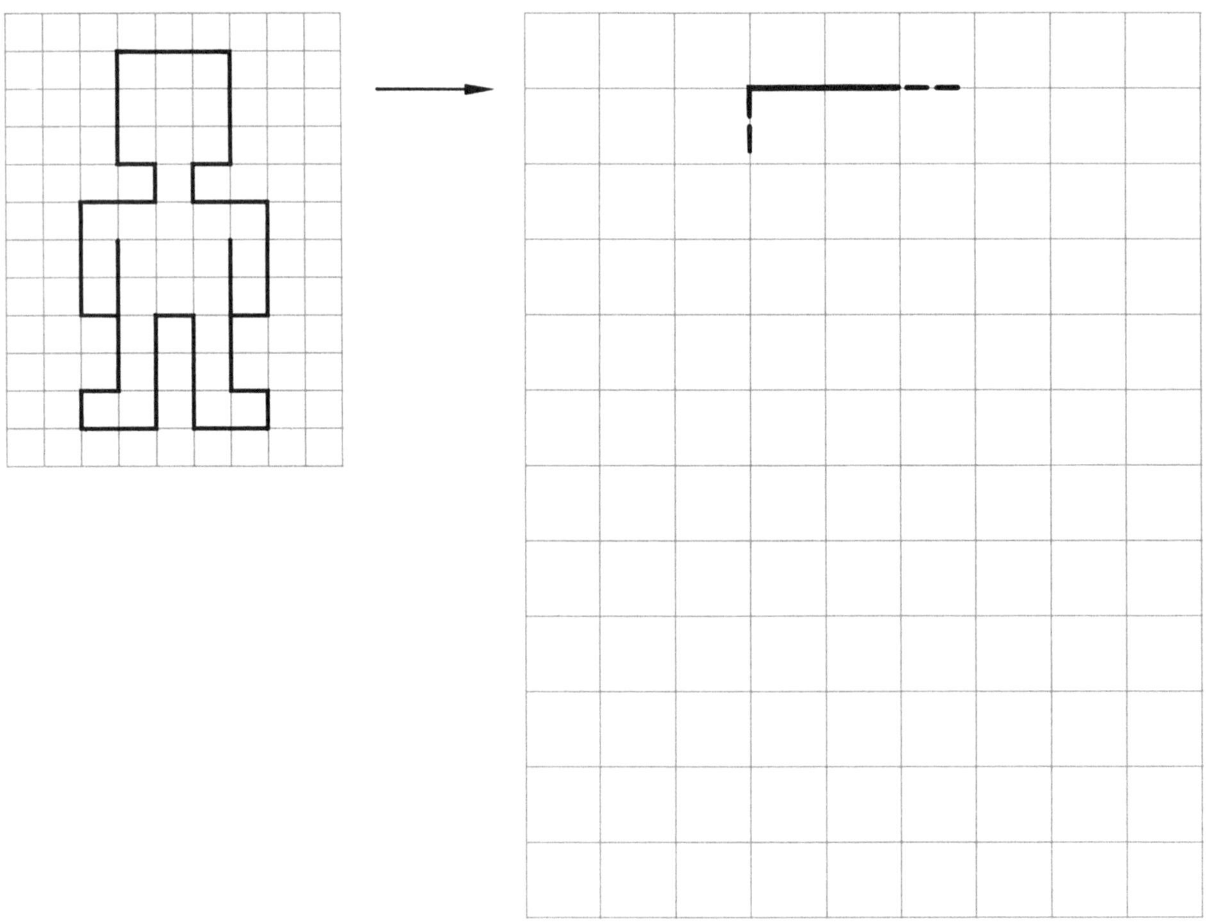

Verkleinern

Verkleinere die Figuren, indem du sie überträgst.

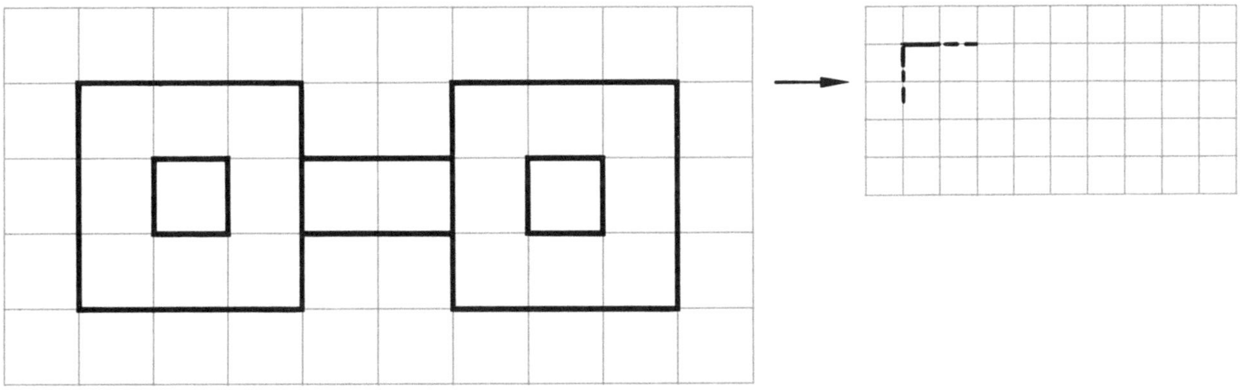

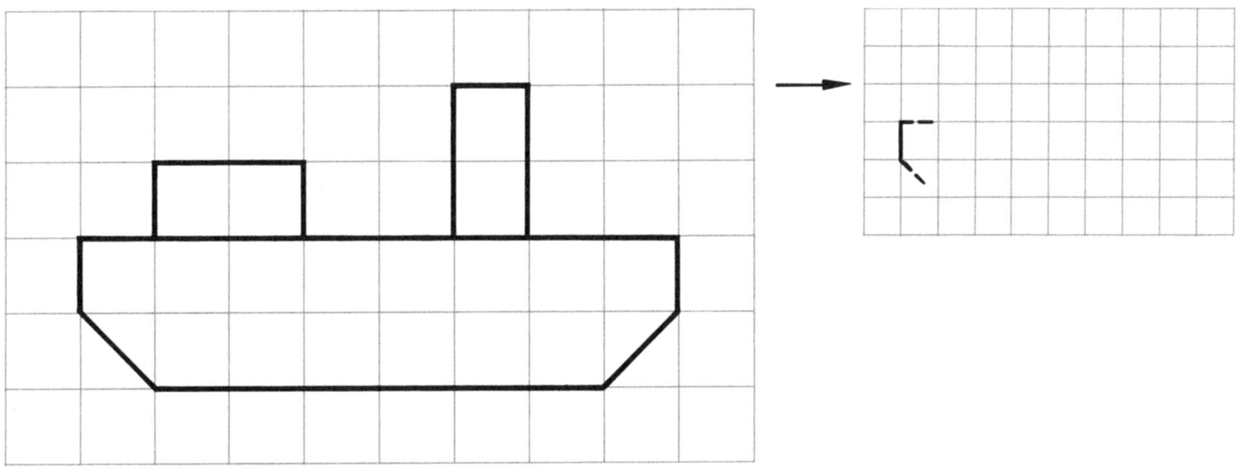

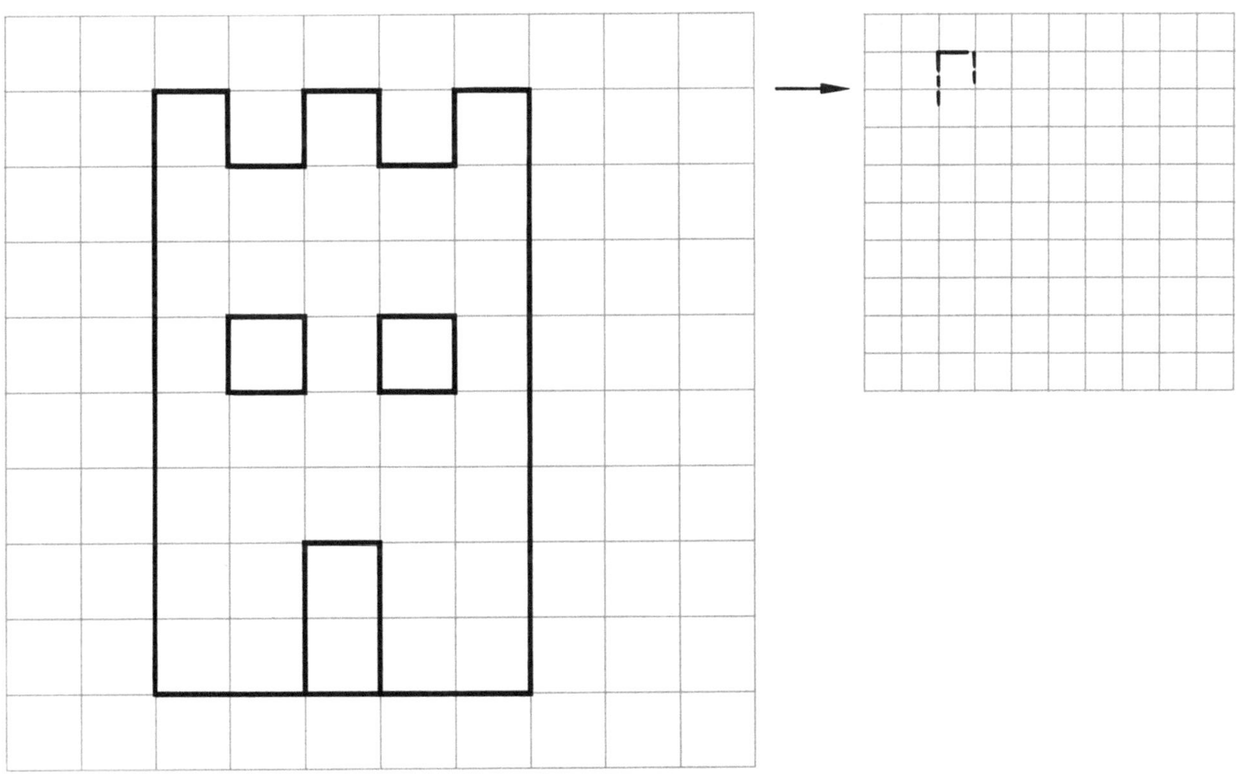

Größe von Flächen

① Wie viele Kästchen hat jede Figur? Zähle nach und schreibe die Lösung in den Kreis.

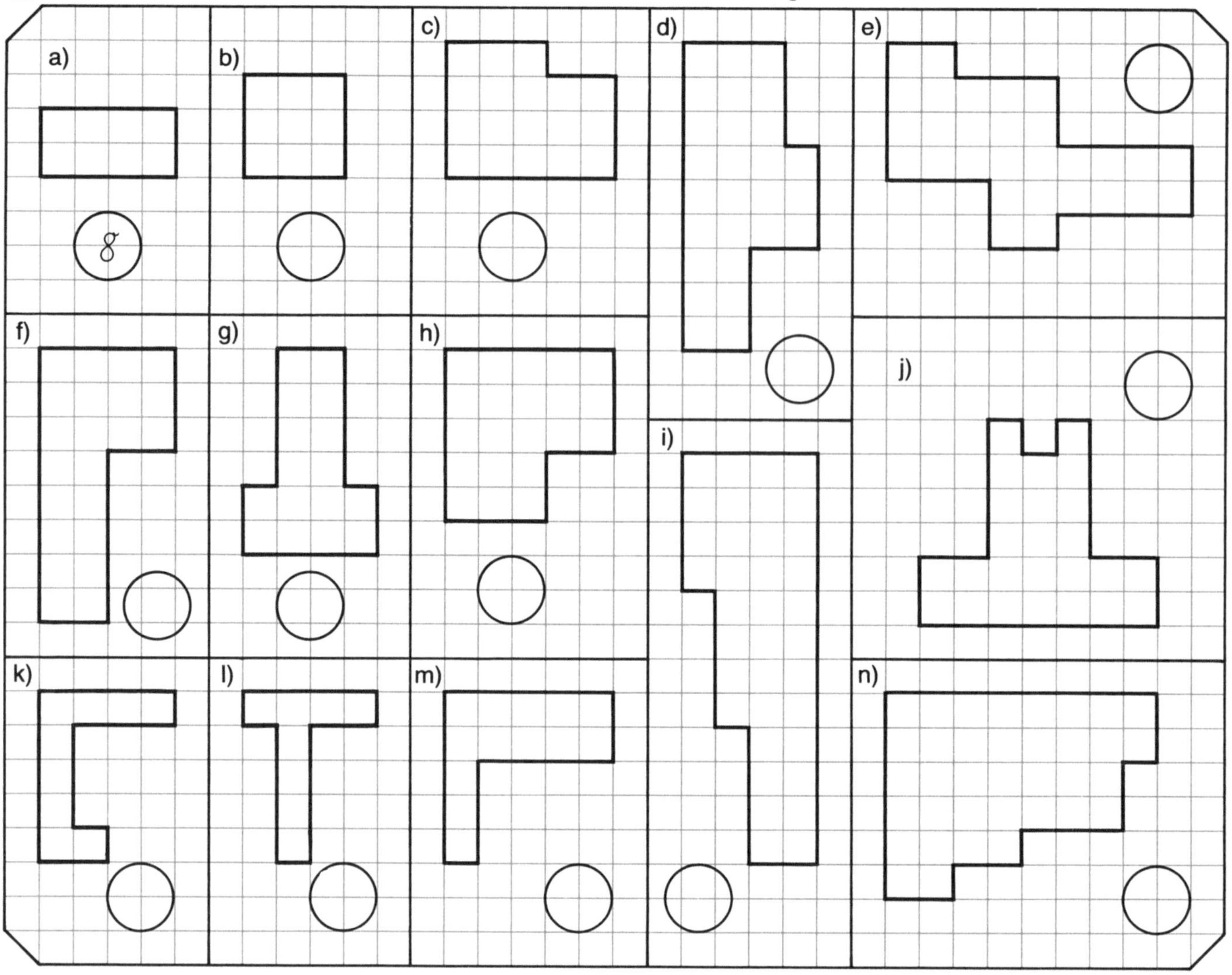

② Male gleich große Flächen mit der gleichen Farbe aus.

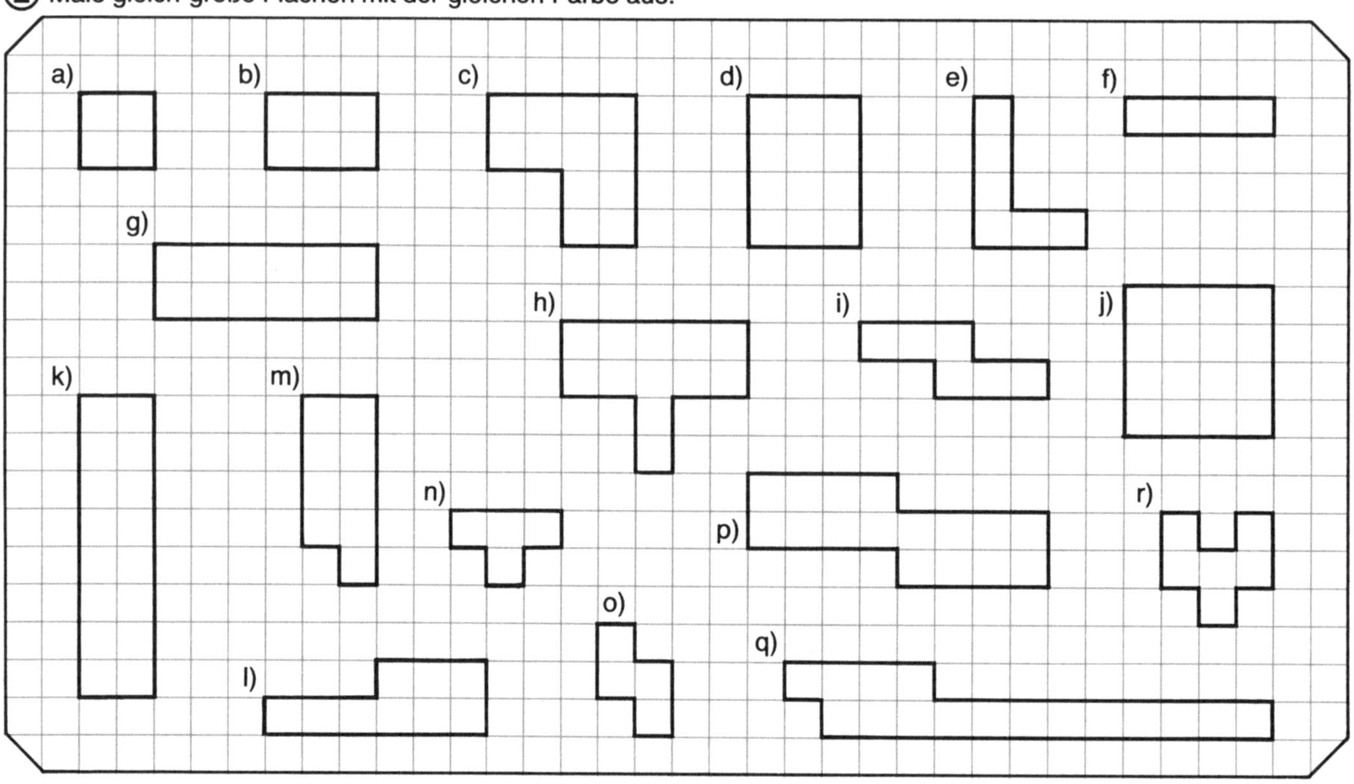

Größe von Flächen

① Übertrage die Figuren auf Kästchenpapier und zähle die Kästchen aus.

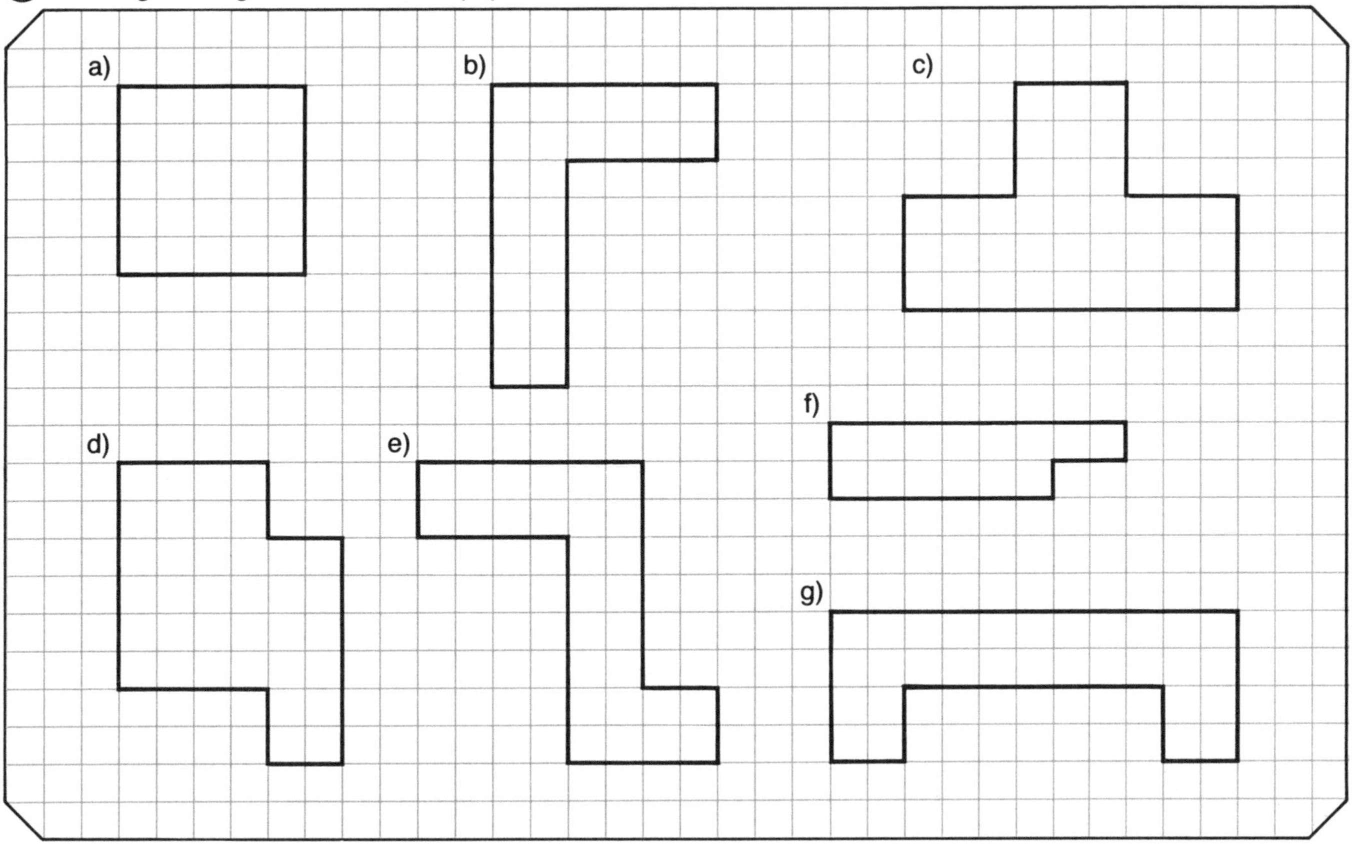

② Zeichne Figuren mit 16 Kästchen.

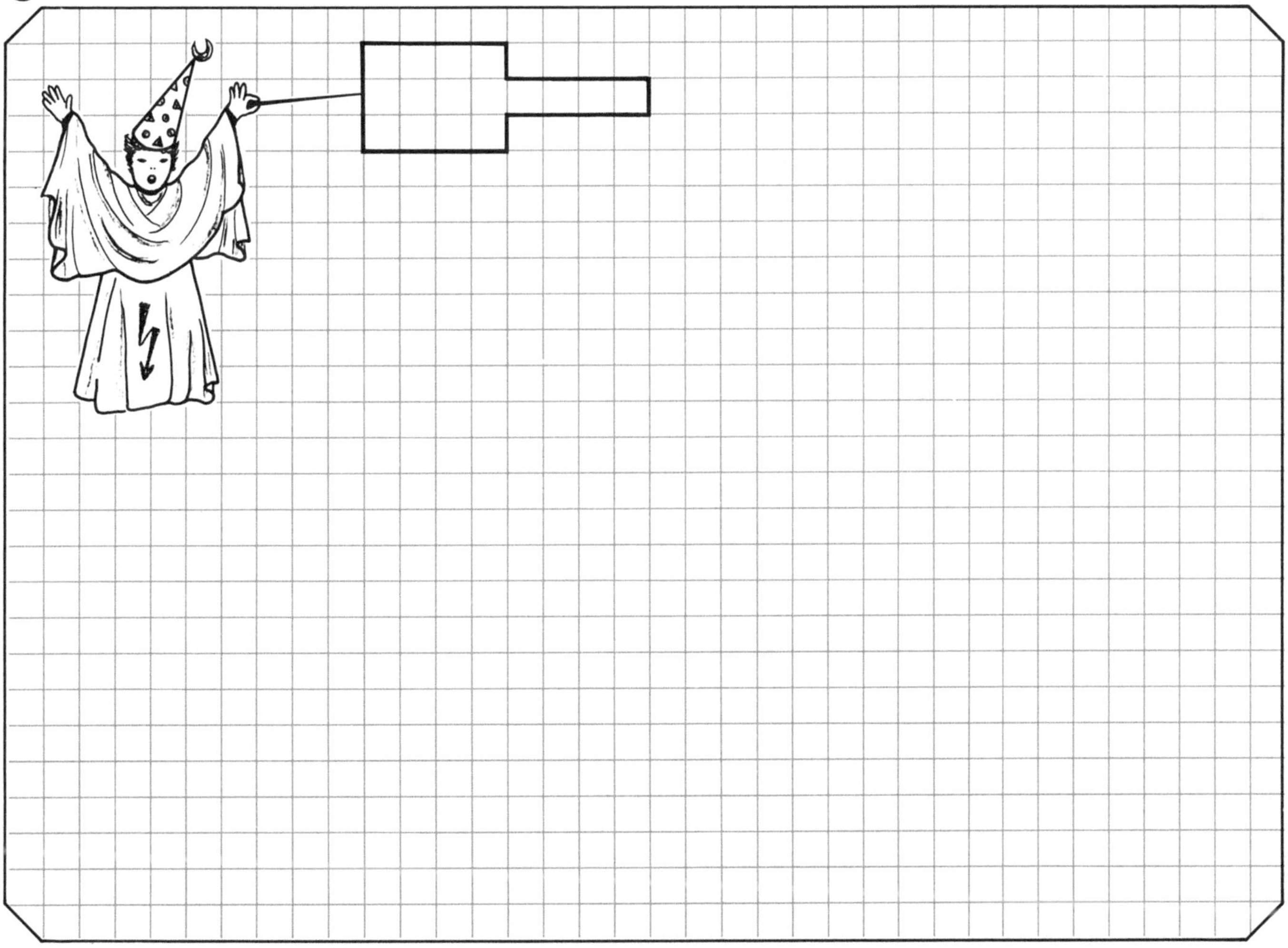

Umfang von Flächen

Miss die Länge der Seiten und berechne den Umfang.

a)

____ cm

b)

____ cm

c)

____ cm

d)

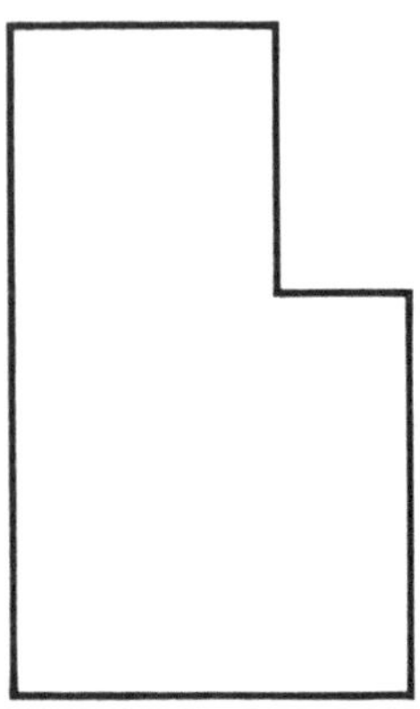

____ cm

e)

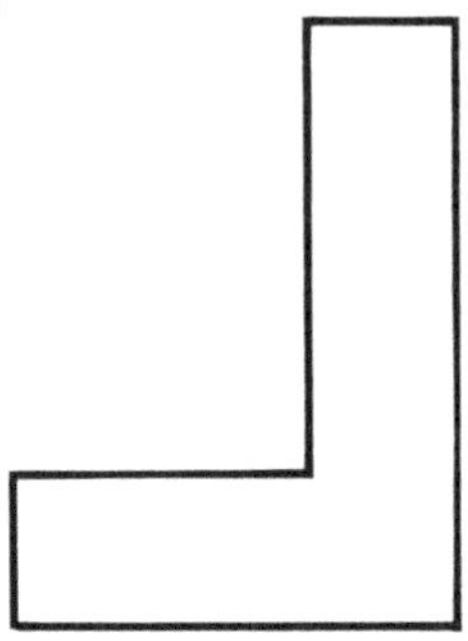

____ cm

f)

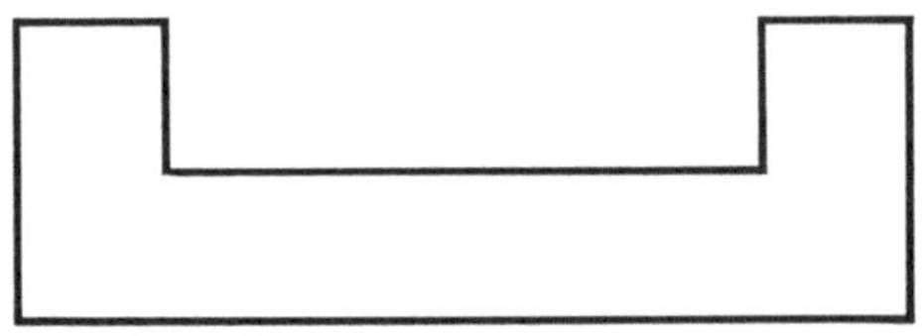

____ cm

g)

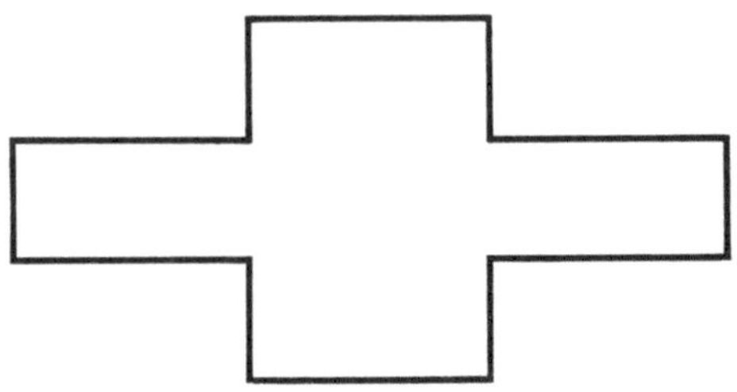

____ cm

Größe und Umfang von Flächen

① Zähle die Kästchen der Figuren aus. Miss die Länge der Seiten und berechne den Umfang.

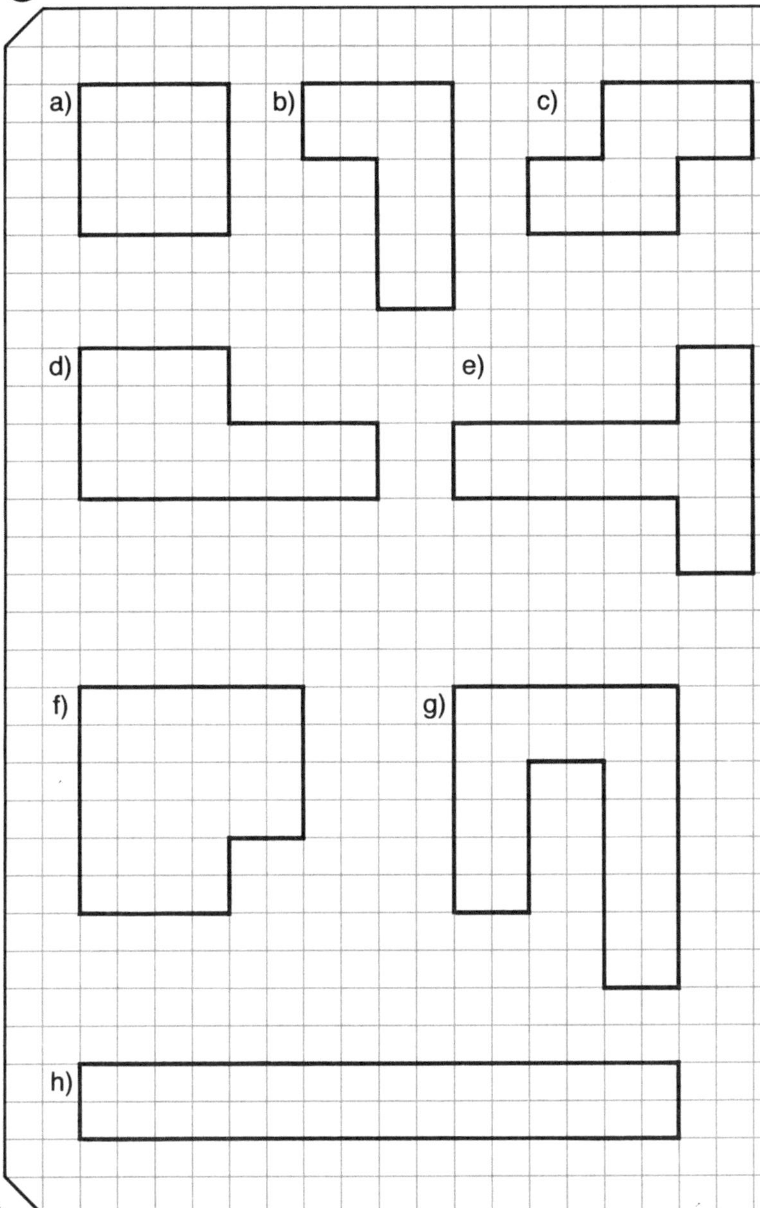

Figur	Anzahl der Kästchen	Umfang
a)	16	8 cm
b)		cm
c)		cm
d)		cm
e)		cm
f)		cm
g)		cm
h)		cm

② Kannst du das auch?

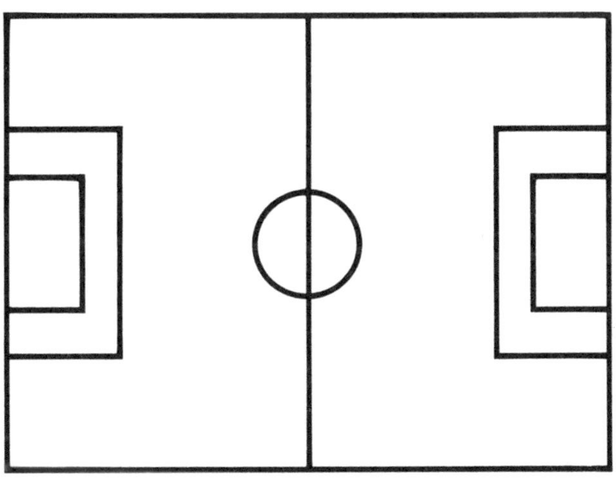

Das Fußballfeld ist in Wirklichkeit 90 m breit und 120 m lang.

Wie groß ist der Umfang?

____

Würfelnetz

Schneide das Würfelnetz entlang der gestrichelten Linie aus. Klebe es auf Pappe.
Knicke die kleinen Ränder um. Klebe die Faltstreifen mit der gleichen Zahl zusammen.

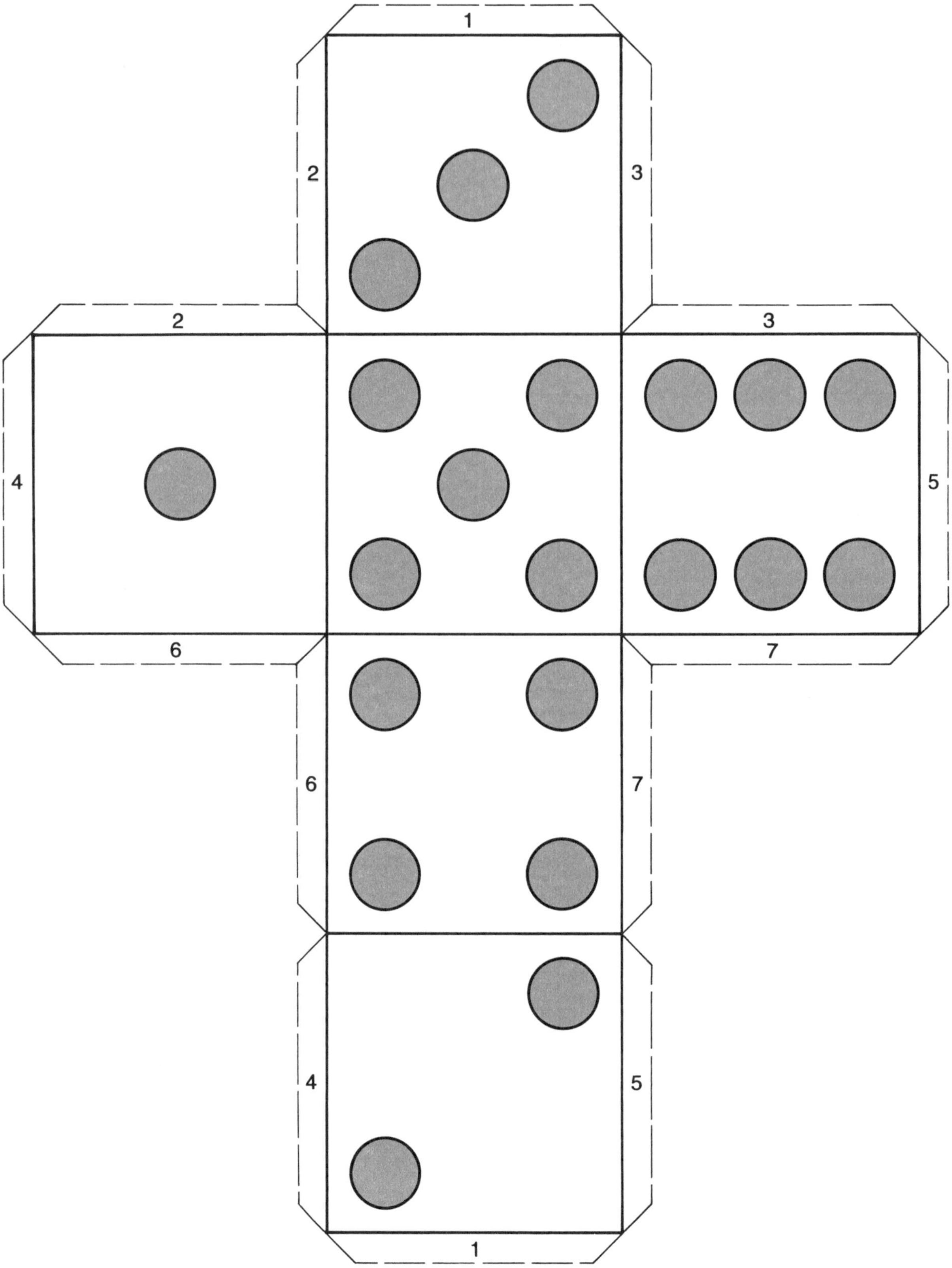

Würfel und Quader - Kantenmodell

(1) Baue mit Holzstäben und Knetgummikugeln das Kantenmodell eines Würfels.

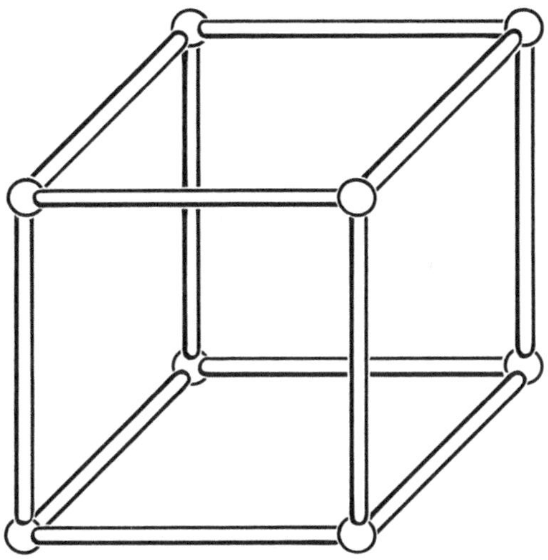

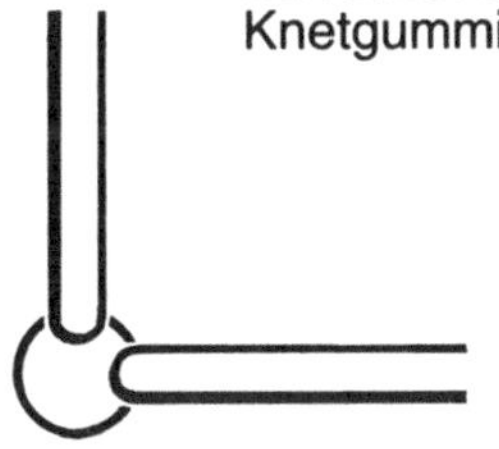

Du musst dazu die Stäbe in die Knetgummikugeln stecken.

Wie viele Knetgummikugeln benötigst du? ◯

Wie viele Stäbe benötigst du? ◯

Wie viele Stäbe musst du jeweils in eine Knetgummikugel stecken? ◯

(2) Baue mit Holzstäben und Knetgummikugeln das Kantenmodell eines Quarders.

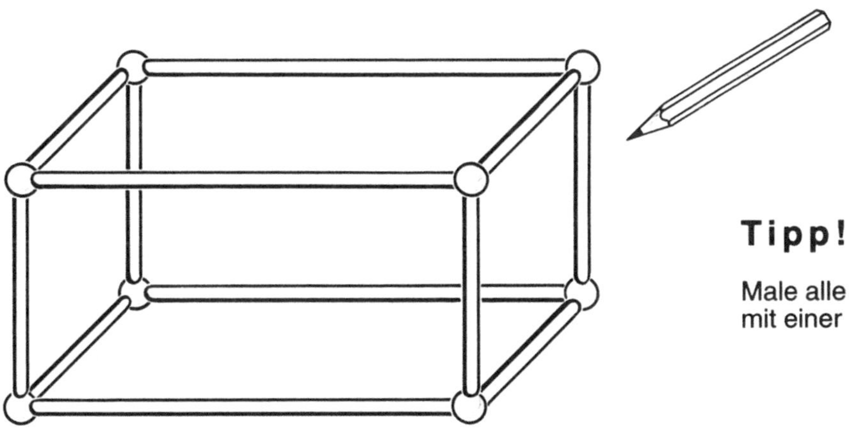

Tipp!

Male alle Stäbe, die gleich lang sind, mit einer Farbe an.

Wie viele Knetgummikugeln benötigst du? ◯

Wie viele Stäbe benötigst du? ◯

Wie viele verschiedene Längen haben die Stäbe? ◯

Würfel und Quader - Flächen

① Male die Deckflächen rot und die Seitenfächen blau aus.

② Male gegenüberliegende Flächen im Netz mit der gleichen Farbe an. Schneide aus und kontrolliere.

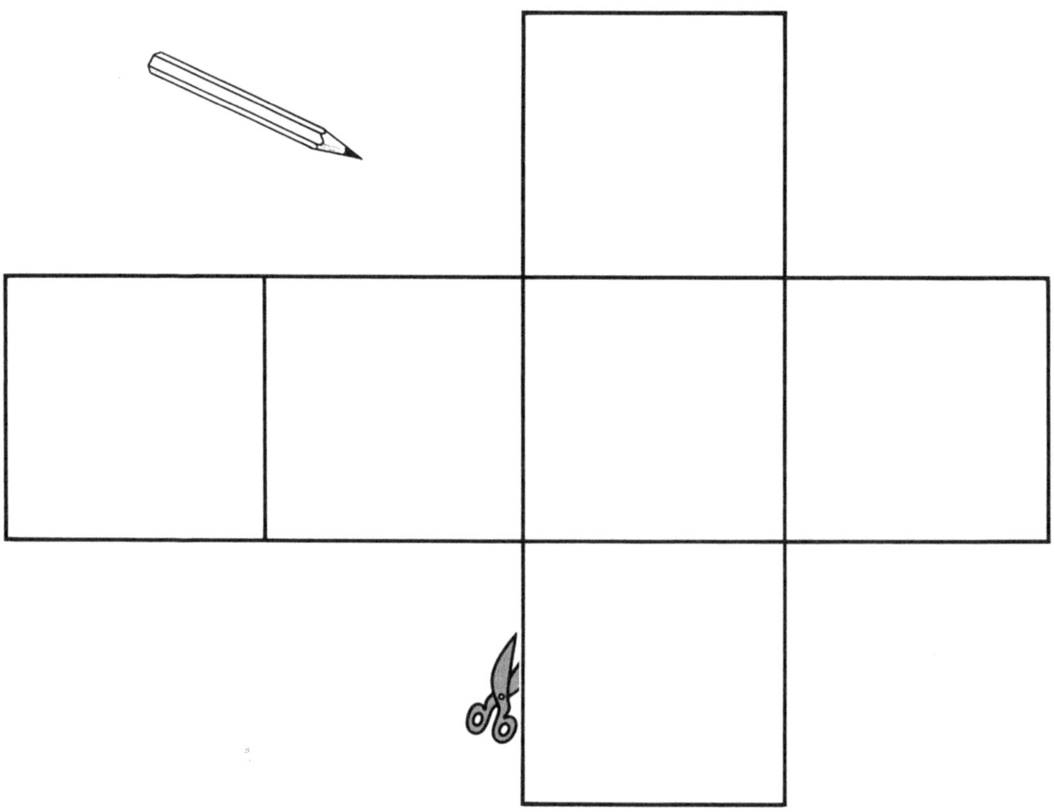

Würfel - Ecken, Kanten, Flächen

①

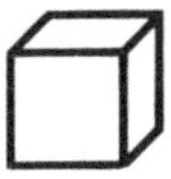

Ein Würfel hat ◯ Ecken.

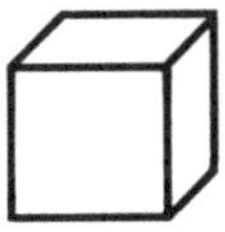

Ein Würfel hat ◯ Flächen.

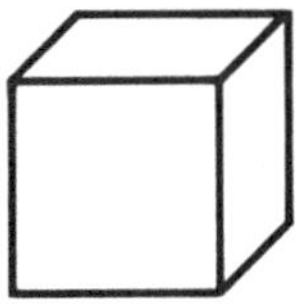

Ein Würfel hat ◯ Kanten.

②

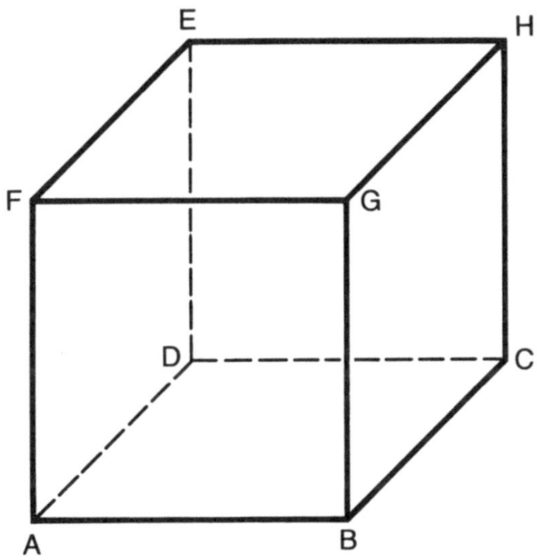

Auf welchem Weg gelangt man von A nach H?

Keine Ecke darf zweimal durchlaufen werden!

Es gibt mehrere Möglichkeiten.

A – ______________________________

③

Auf welchem Weg gelangt man von B nach E? B – ______________________________

④

Auf welchem Weg gelangt man über alle 8 Ecken von A nach A? A – ______________________

Körperformen

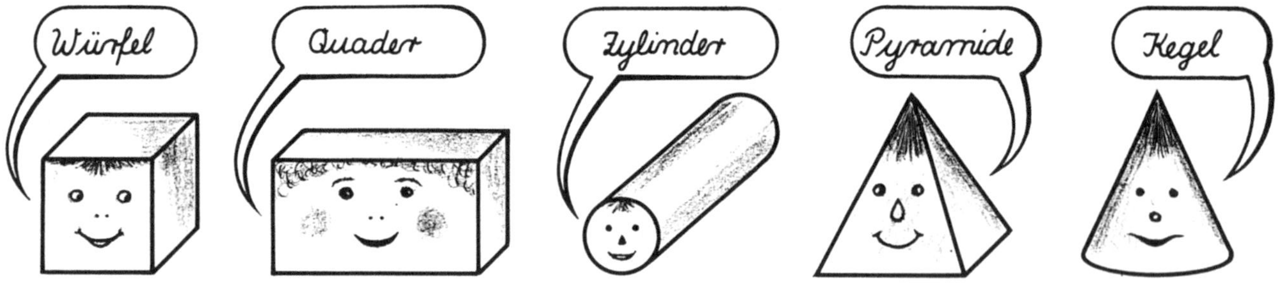

Ordne die Gegenstände in die Tabelle ein.

A

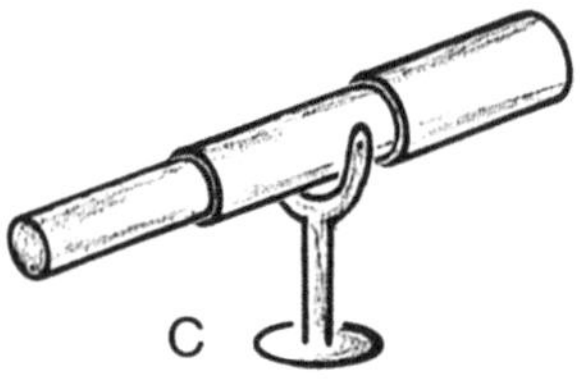
C

E

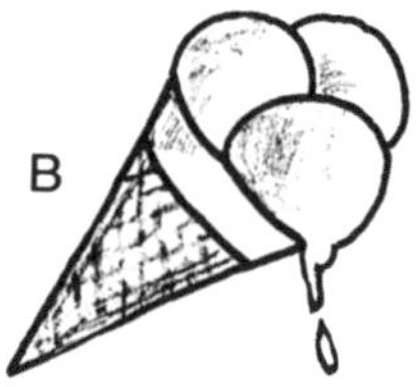
B

D

F

Würfel	Quader	Zylinder	Pyramide	Kegel
	A			

G

H

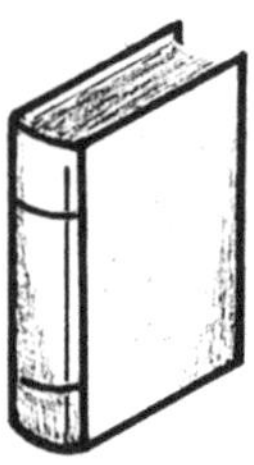
I

J

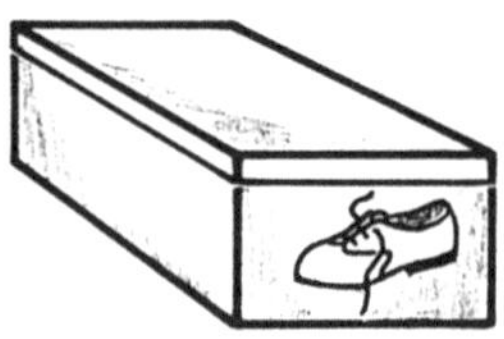
K

M

L

N

Körper - Flächen

(1) Welche Flächen benötigst du für den Würfel? Male sie farbig aus.

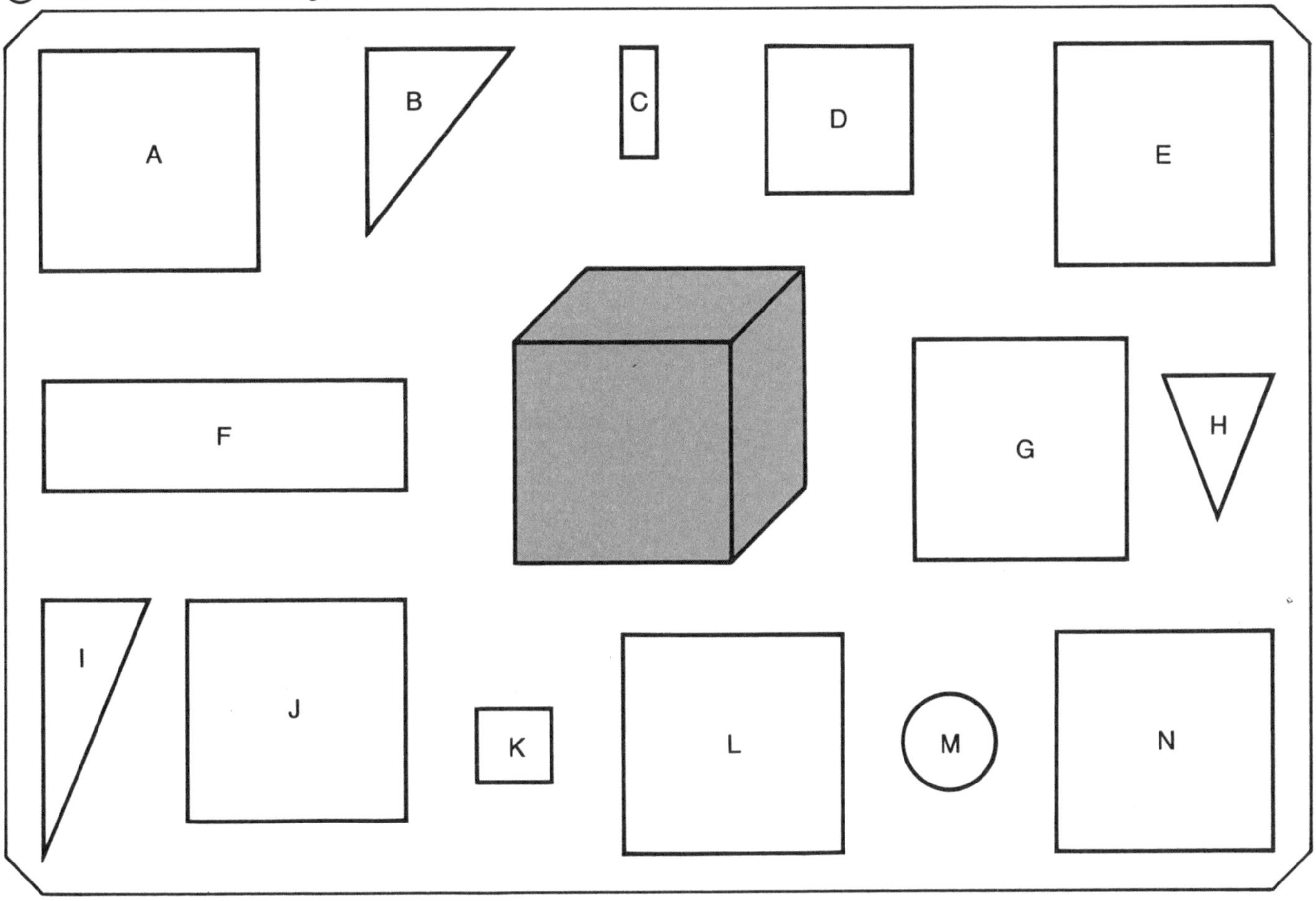

(2) Welche Flächen benötigst du für den Quader? Male sie farbig aus.

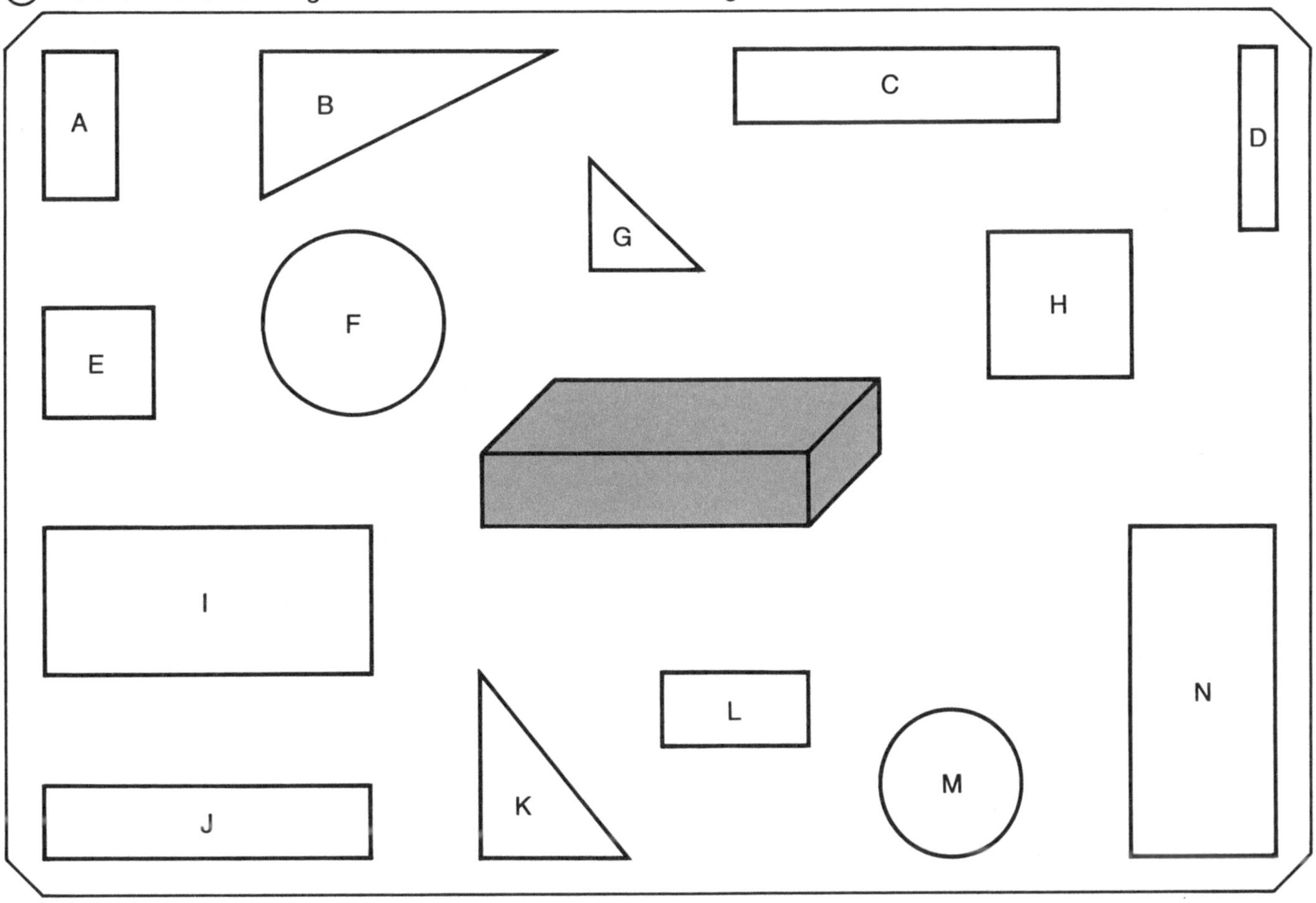

Würfel - Bauen

① Wie viele kleine Würfel brauchst du, um diesen großen Würfel zu bauen?

② Wie viele kleine Würfel brauchst du hier jedesmal?

a)

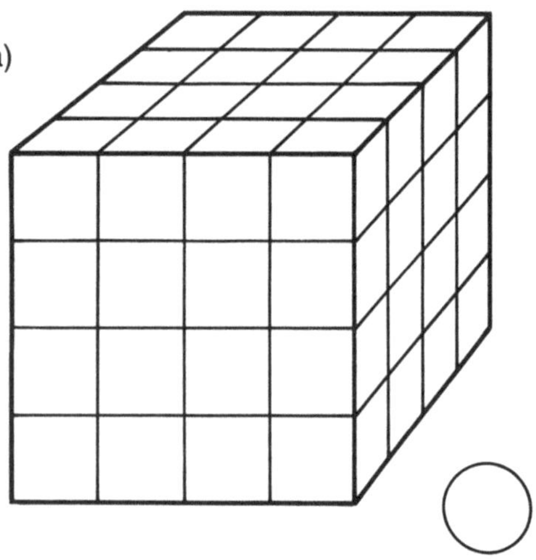

b)

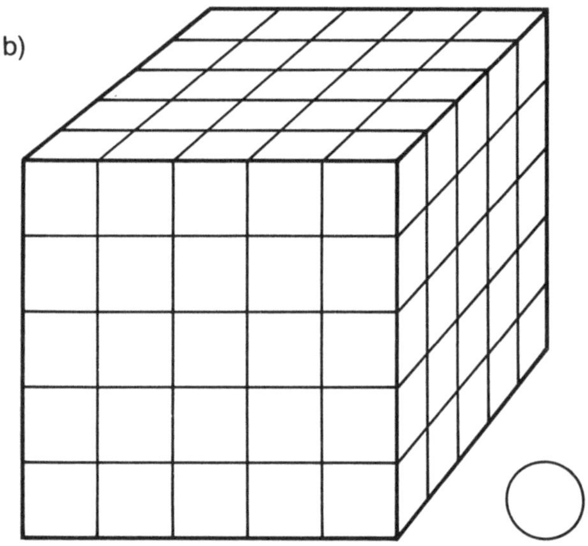

c)

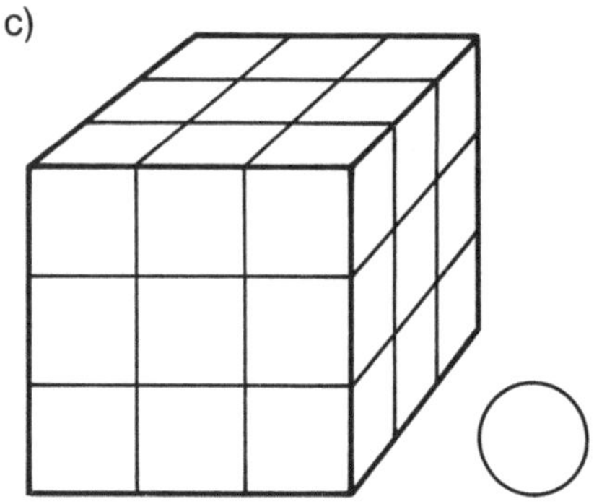

d)

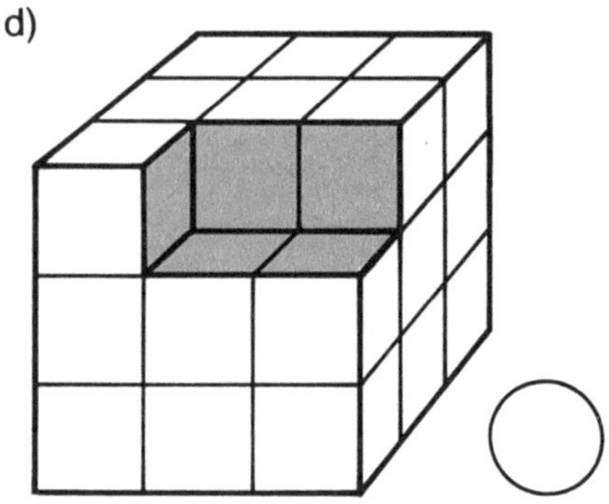

Quader - Bauen

Wie viele kleine Würfel brauchst du jeweils? Welche Körper sind Quader?

a) 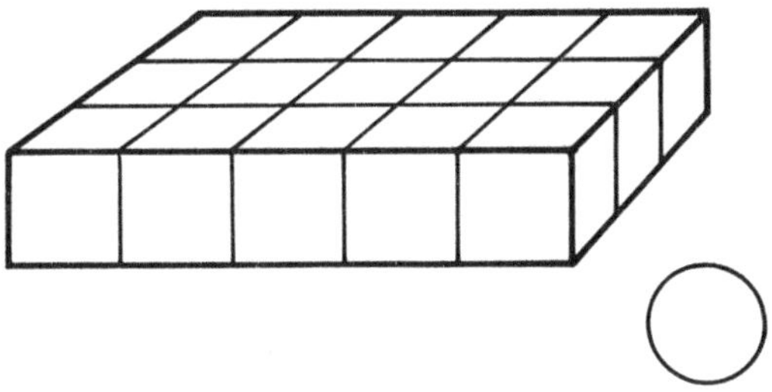

b) 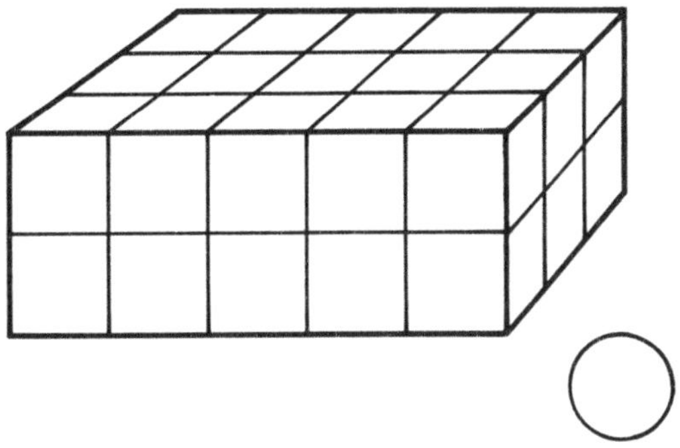

c) 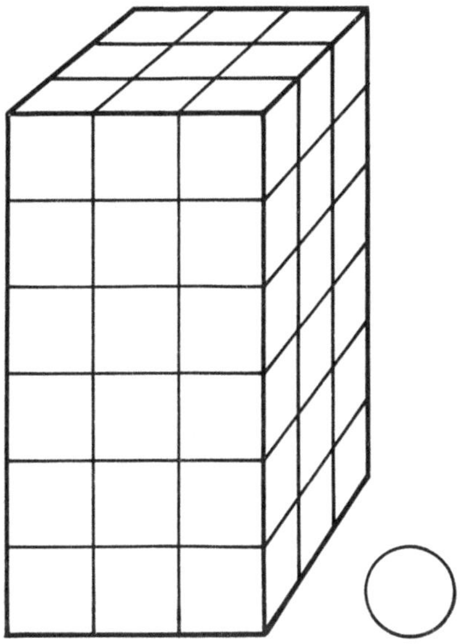

d) 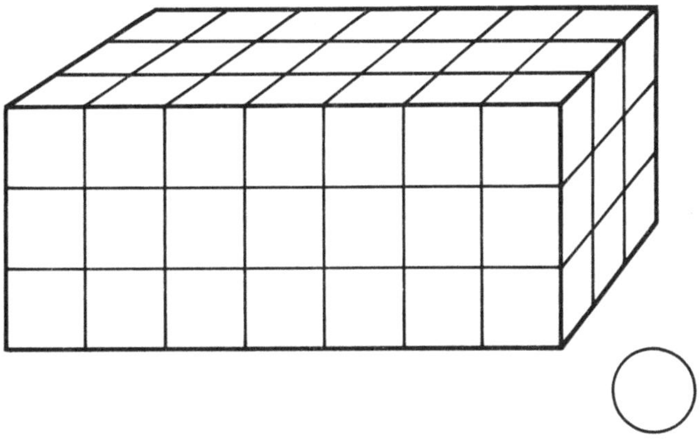

e) 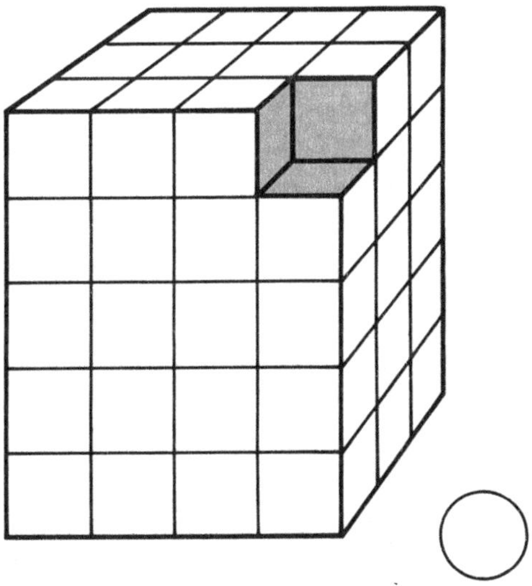

f) 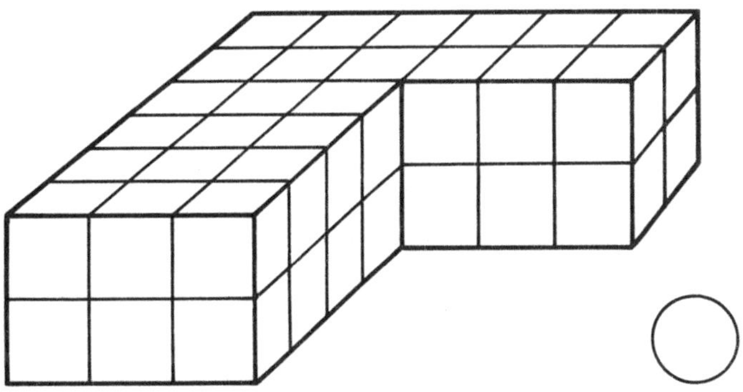

Figuren mit Spiegelachsen

Zeichne die Spiegelachsen farbig ein. Bei zwei Figuren gibt es vier Spiegelachsen.

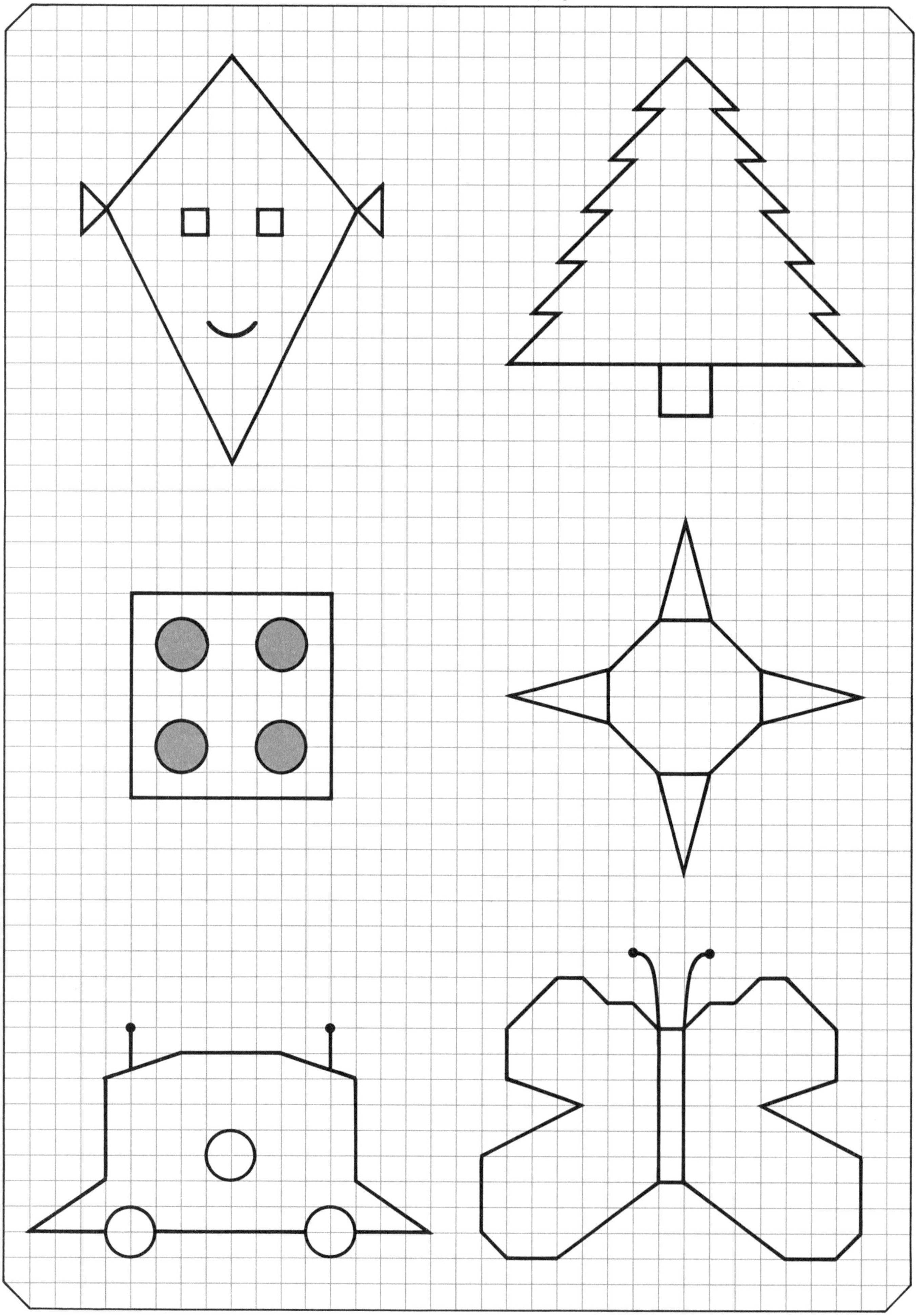

Figuren mit Spiegelachsen

① Ergänze zu spiegelbildlichen Figuren.

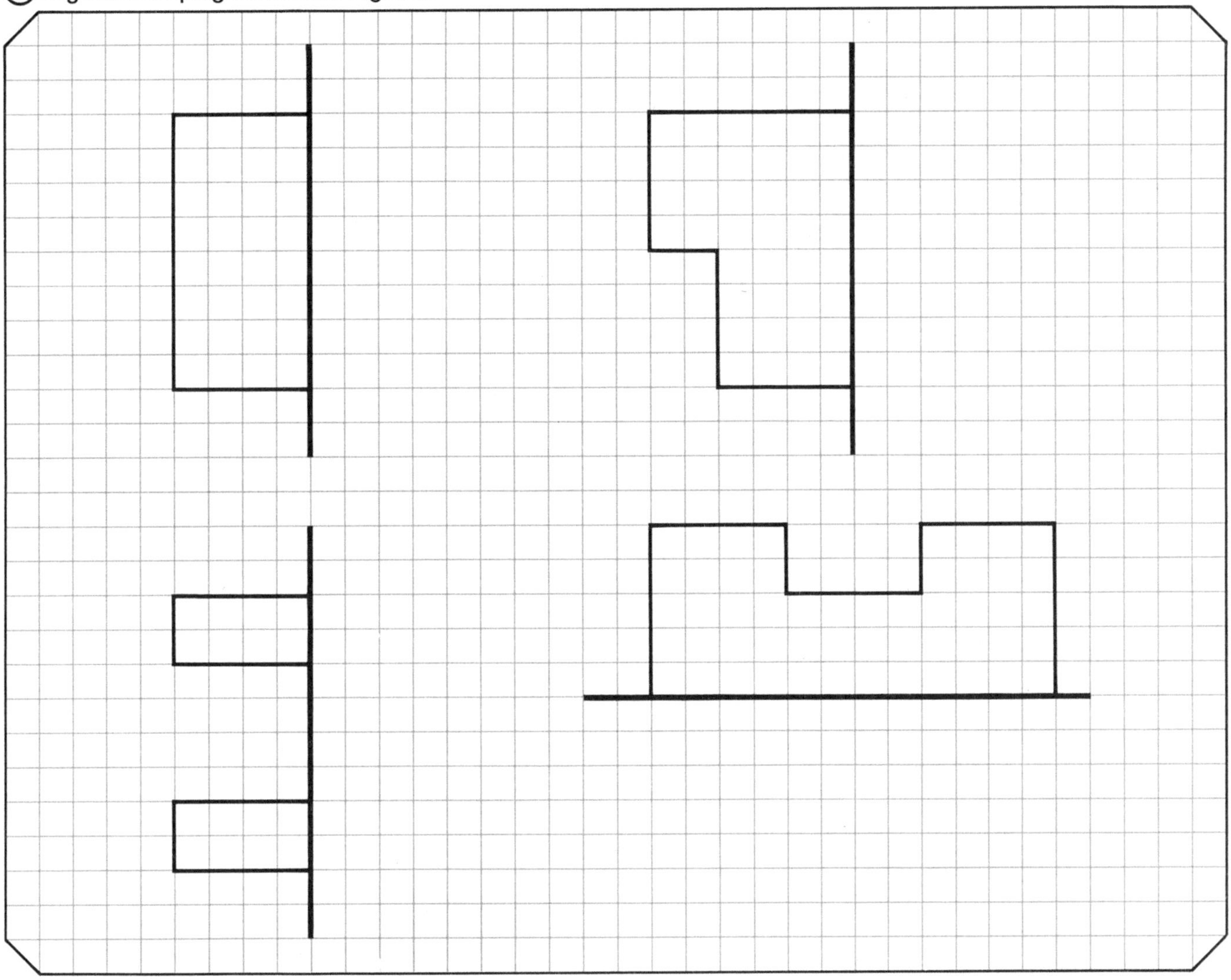

② Ergänze zu spiegelbildlichen Figuren.

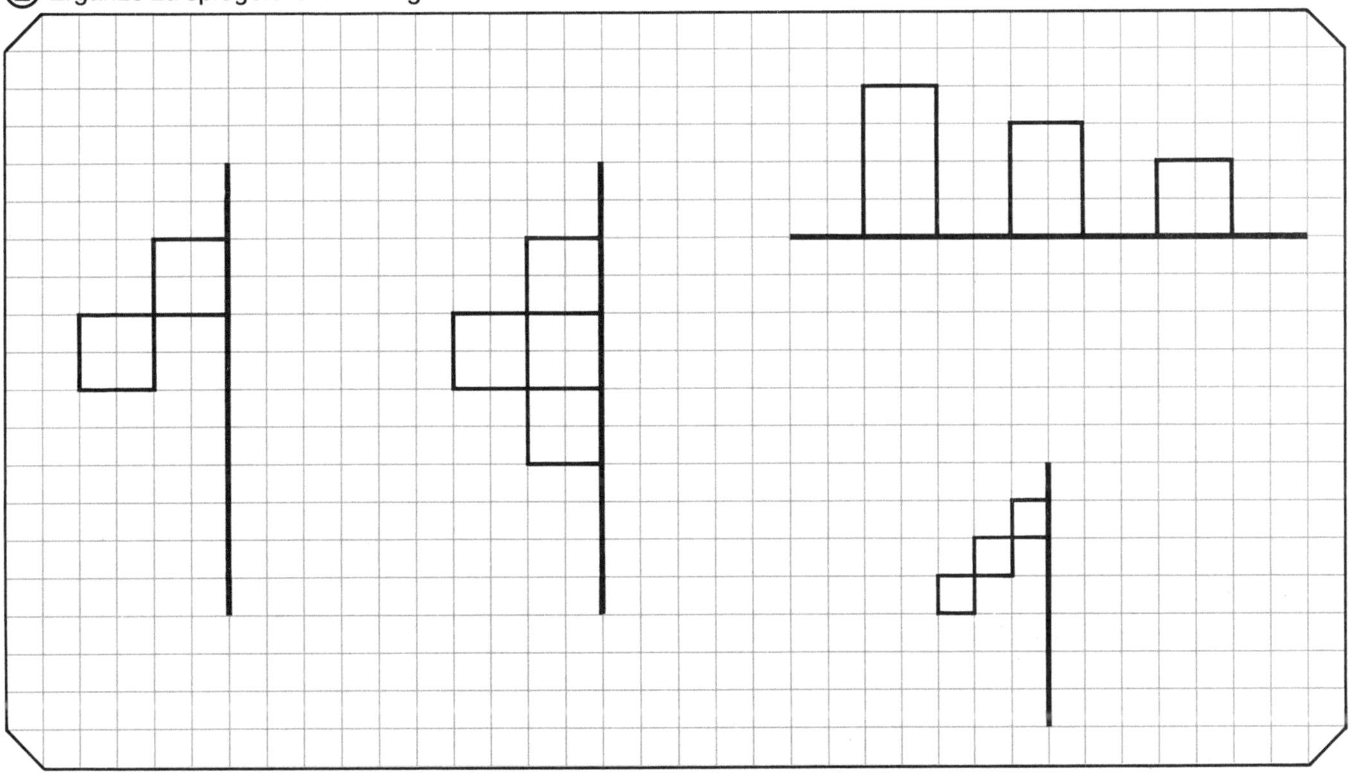

Figuren mit Spiegelachsen

Ergänze zu spiegelbildlichen Figuren.

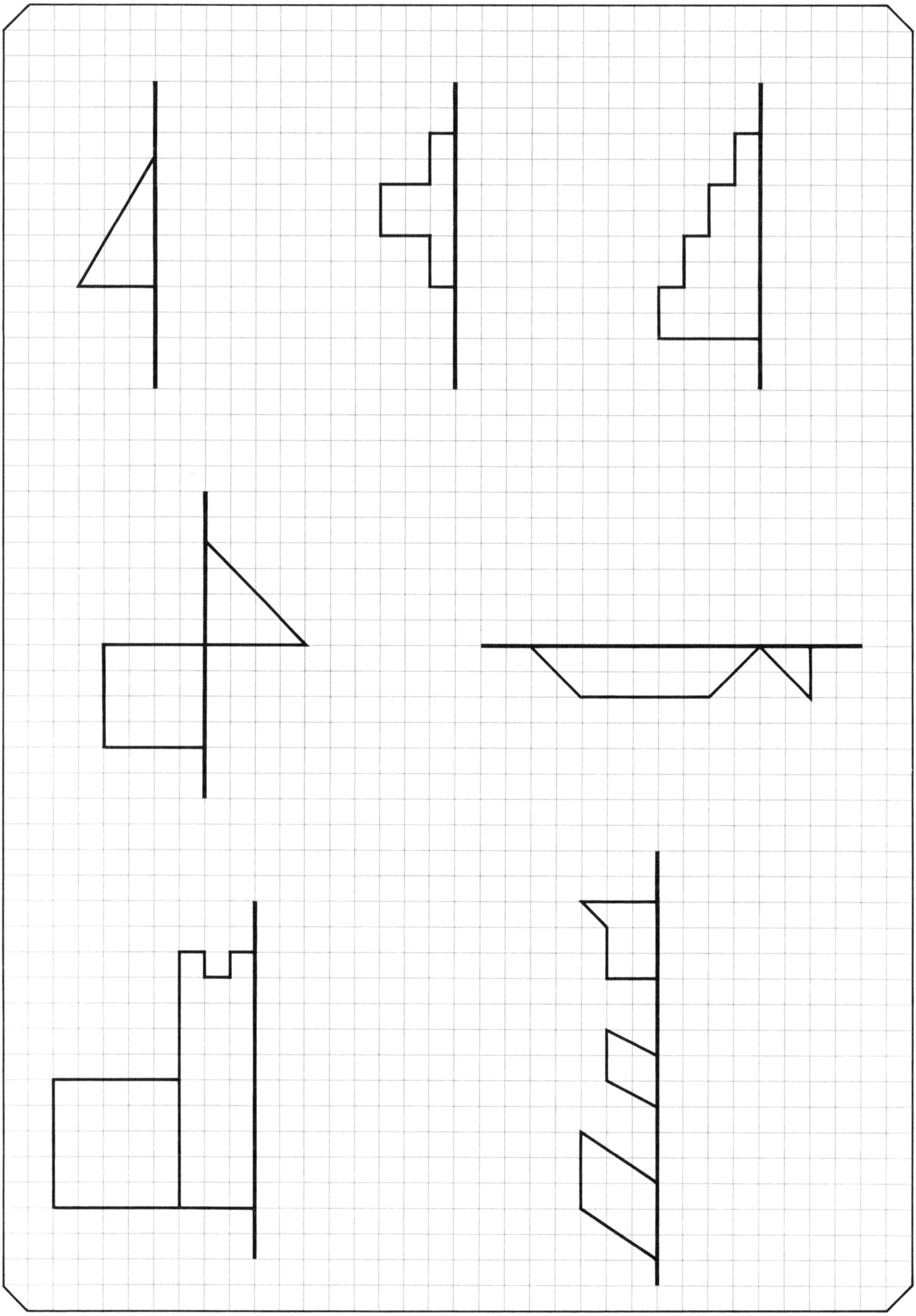

Figuren mit Spiegelachsen

Ergänze zu spiegelbildlichen Figuren.

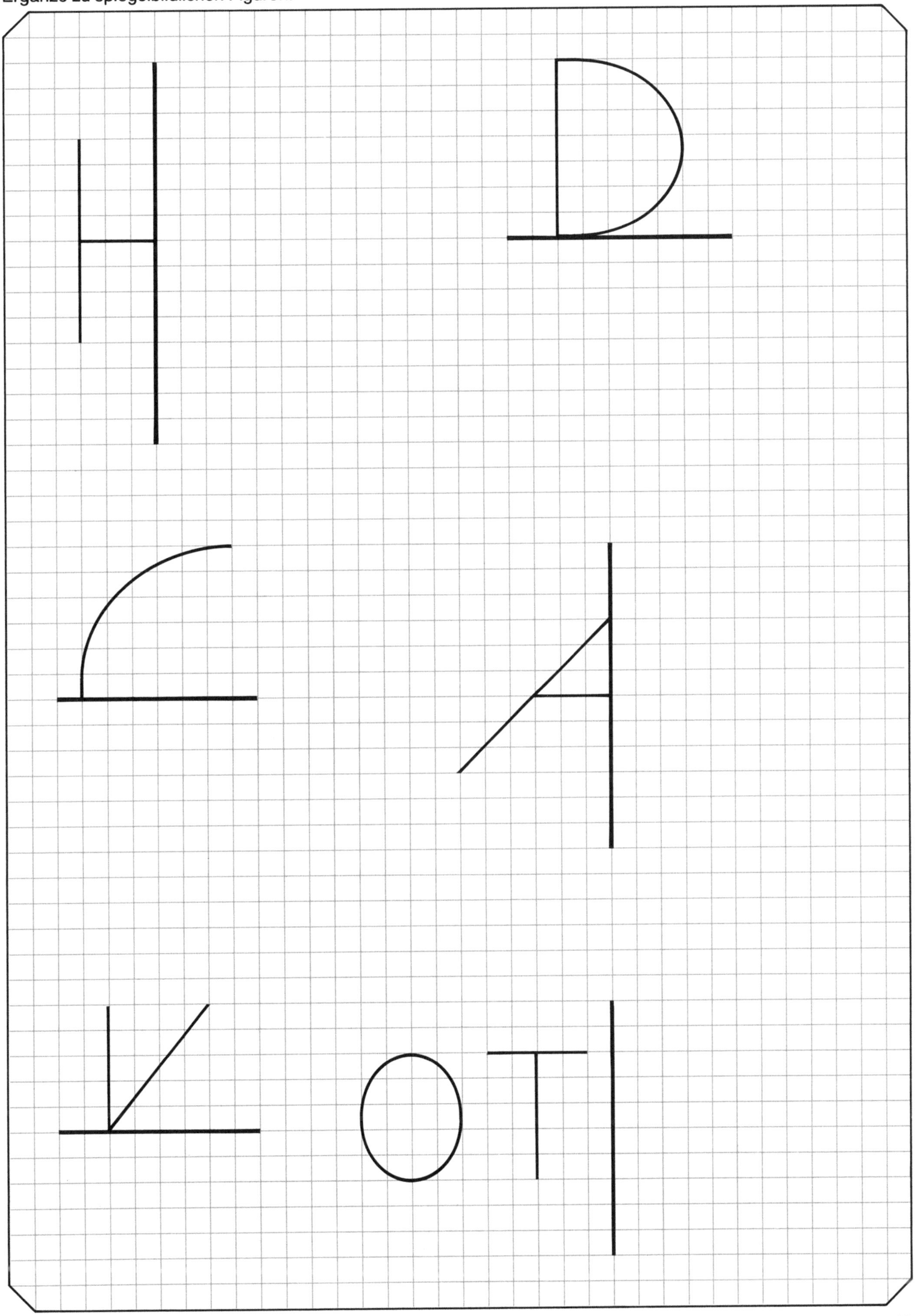

Figuren mit Spiegelachsen

Zeichne ab und ergänze zu spiegelbildlichen Figuren.

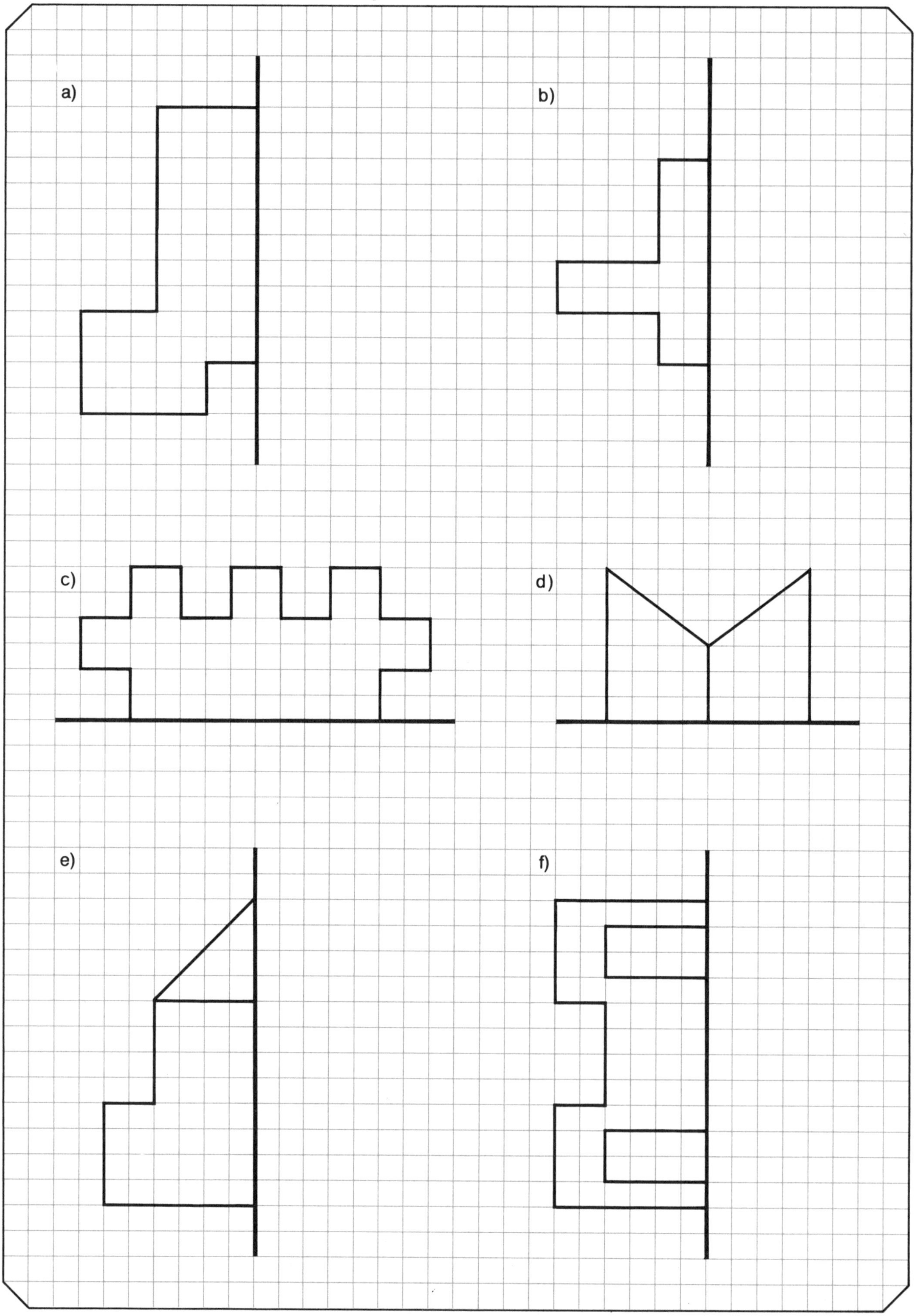

Muster und Figuren

① Übertrage die Bandmuster in dein Heft. Zeichne Spiegelachsen ein.

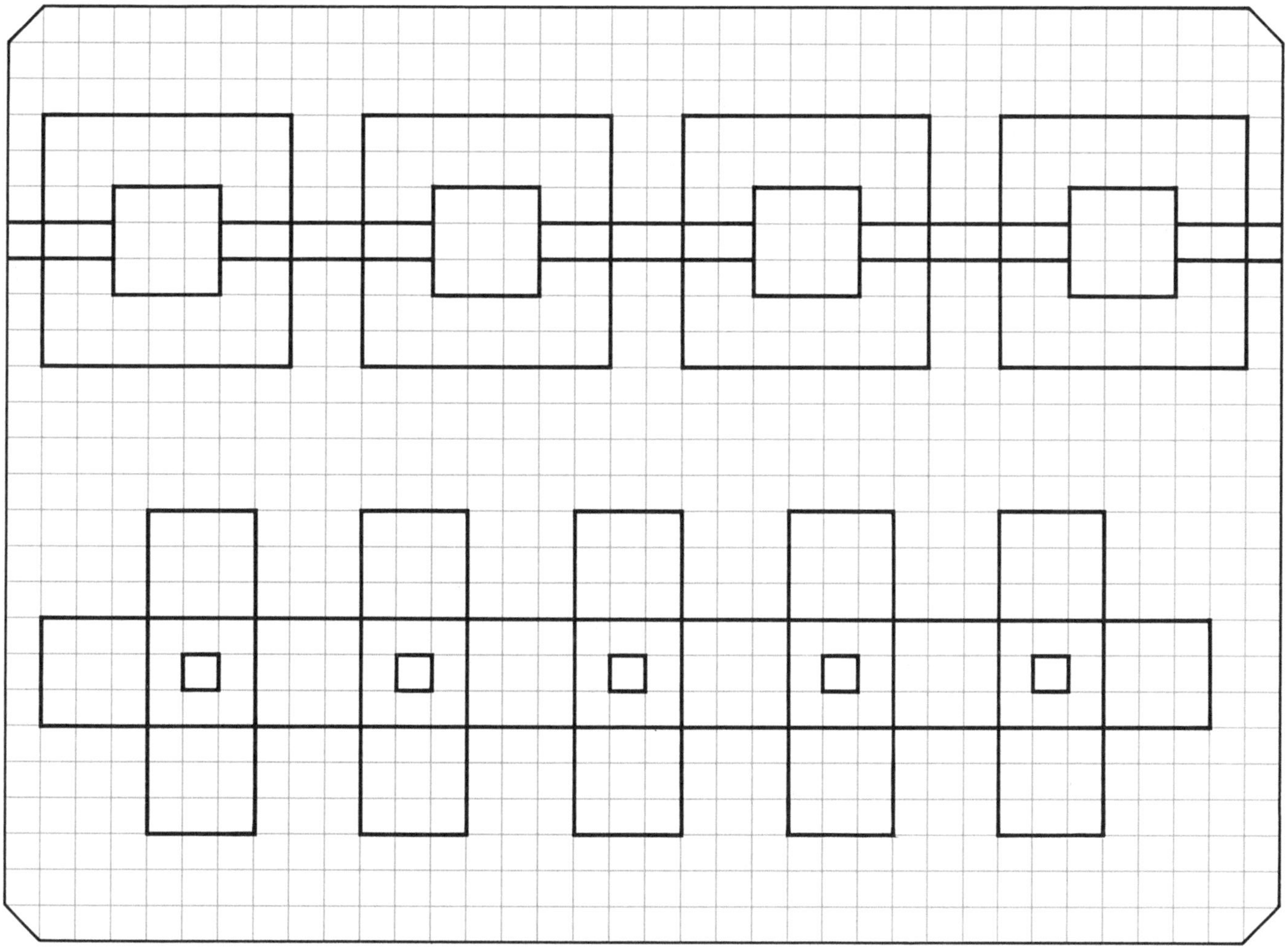

② Male die Flaggen bunt aus. Benachbarte Felder sollen verschiedene Farben haben. Wie viele Farben brauchst du jeweils? Versuche, bei jeder Flagge mit möglichst wenig Farben auszukommen.

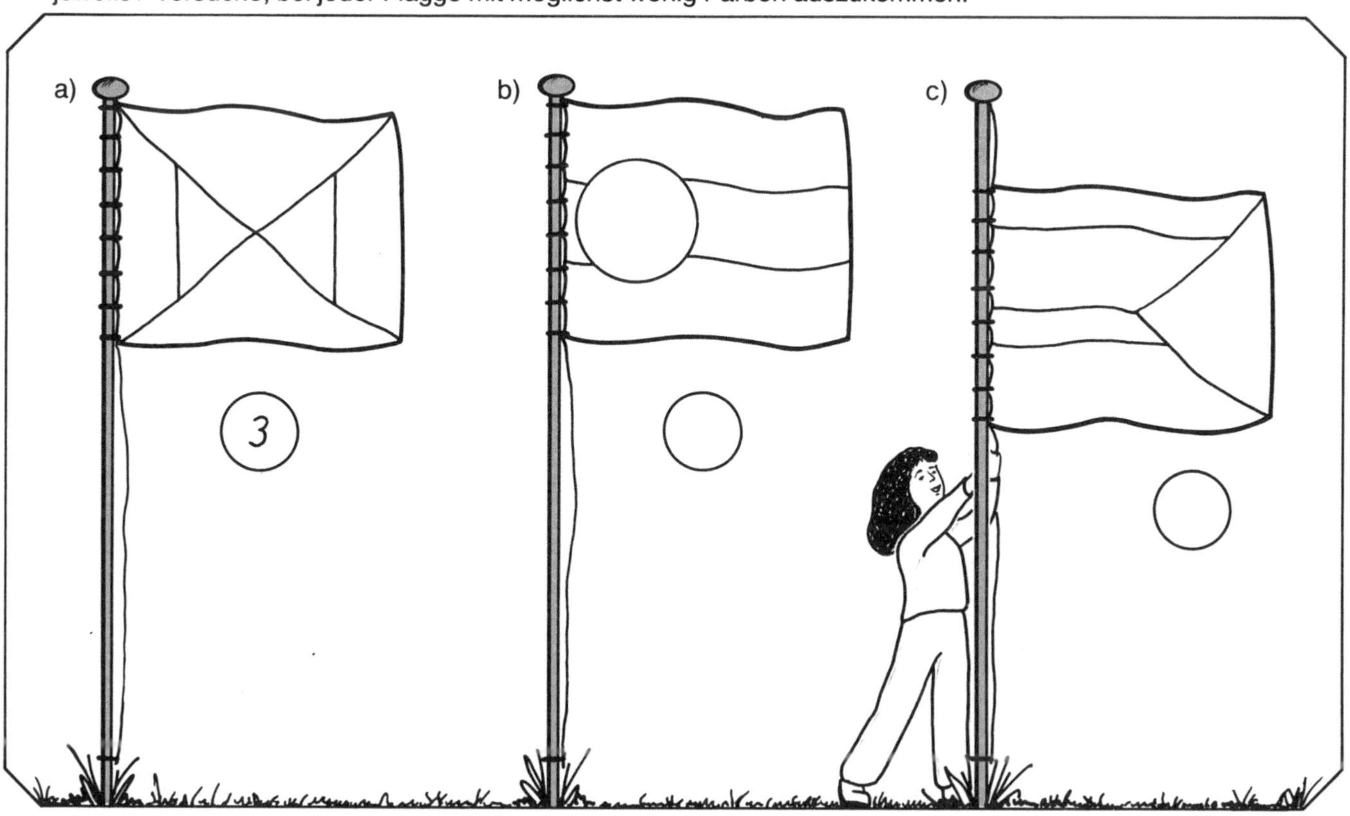

Quadrat - Falten, Zusammensetzen

① Nimm ein Blatt Papier und falte es, wie in der Zeichnung, an der gestrichelten Linie.

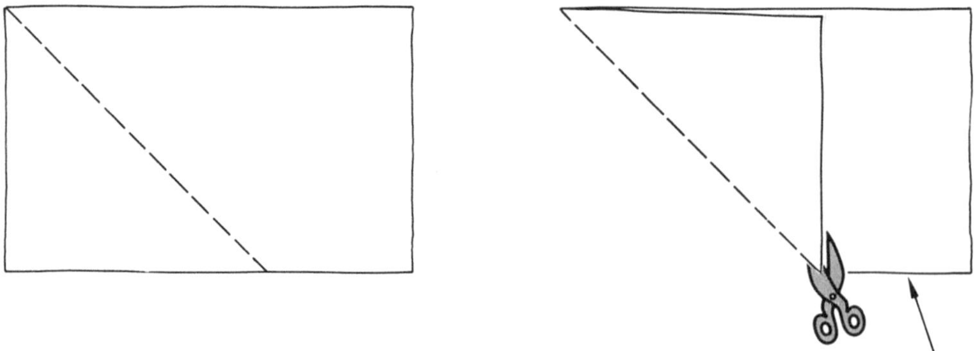

Schneide den Teil mit der Schere ab.

Falte das Papier auseinander. Es ist ein ____________________

② Immer zwei Figuren ergeben zusammen ein Quadrat. Verbinde sie jeweils mit einem Strich.

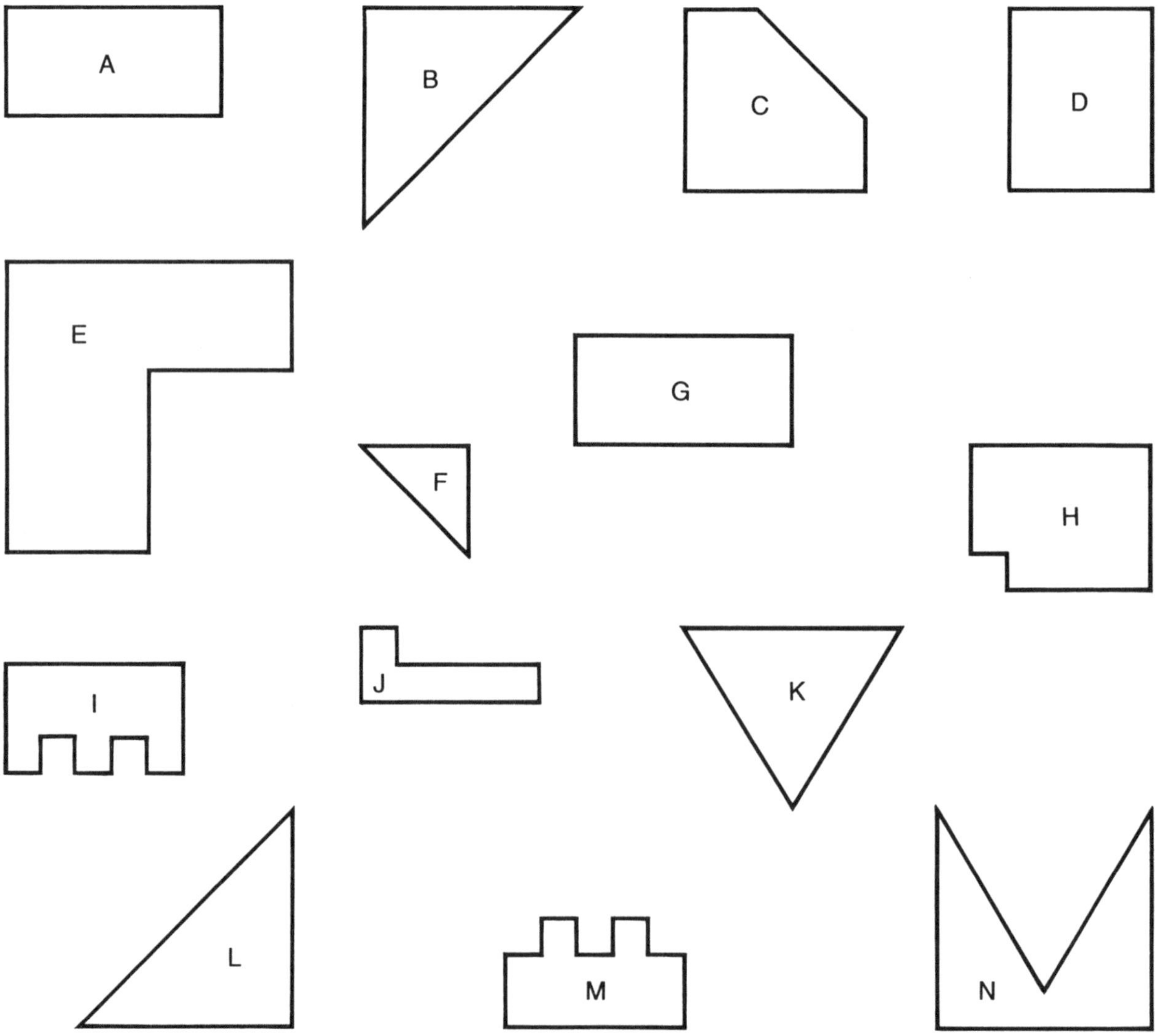

Rechteck - Zusammensetzen

① Zeichne die Figuren auf ein Blatt Karopapier und schneide sie aus. Lege aus den sechs Figuren ein Rechteck.

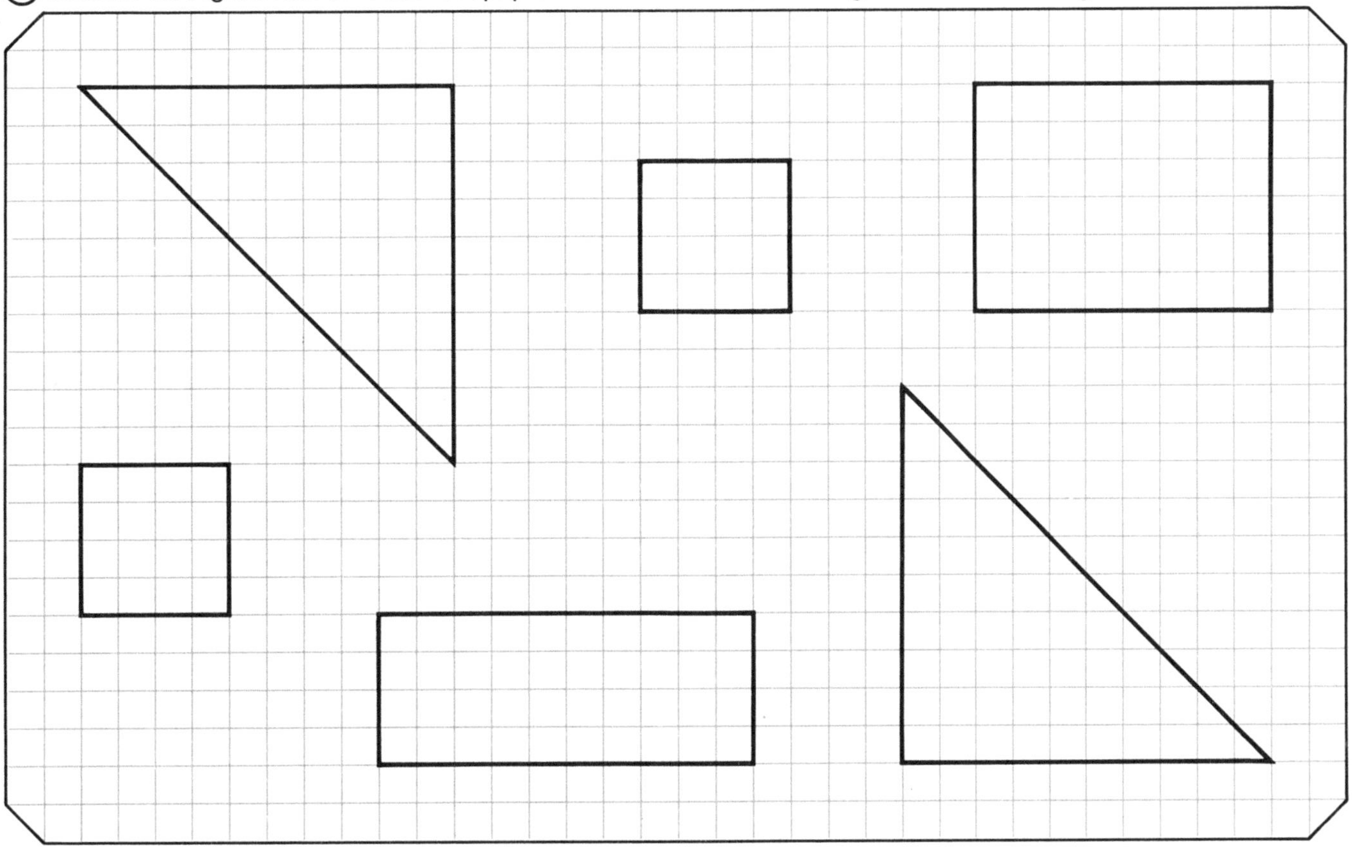

② Immer 2 Figuren ergeben zusammen ein Rechteck. Verbinde sie jeweils mit einem Strich.

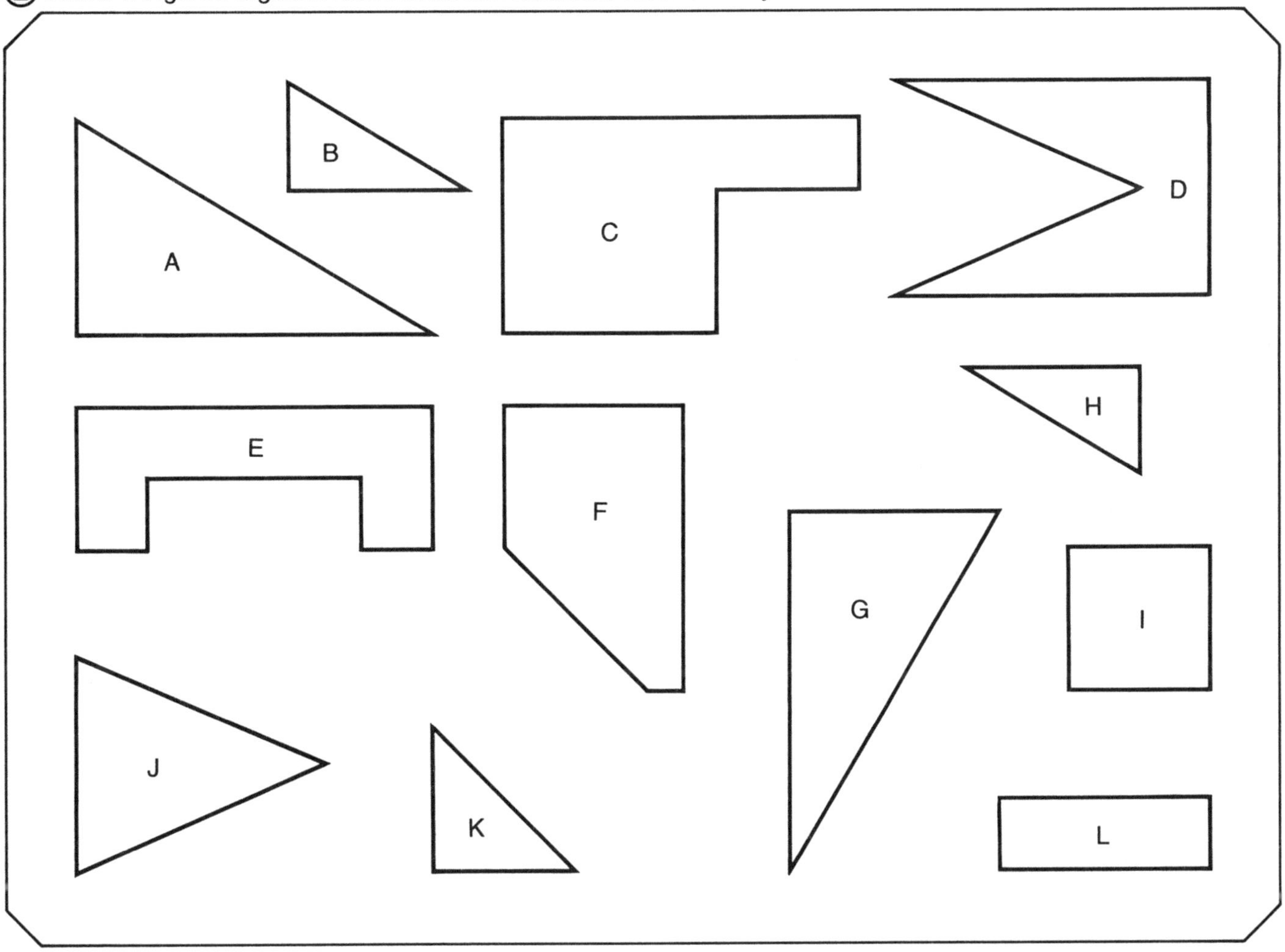

Kreise

① Zeichne den Kreis mit dem Zirkel nach.

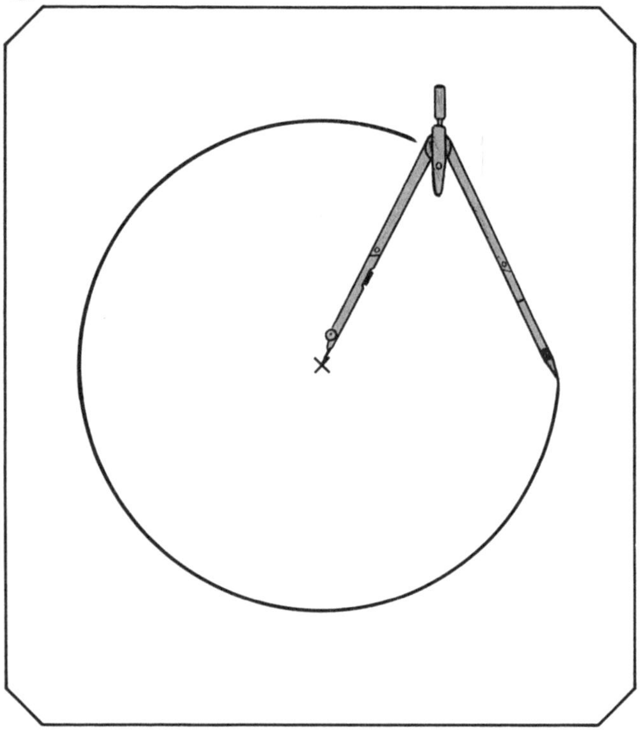

② Zeichne den Kreis mit dem Zirkel zu Ende.

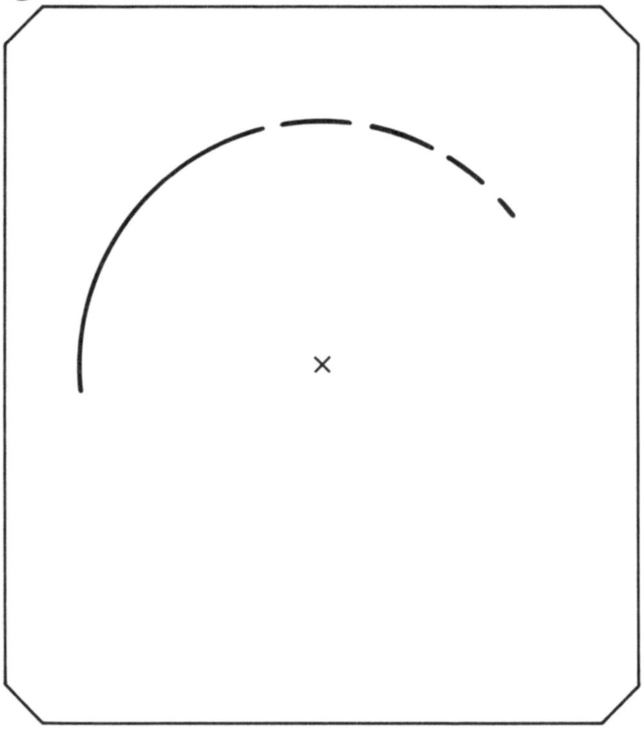

③ Zeichne mit dem Zirkel die Muster weiter.

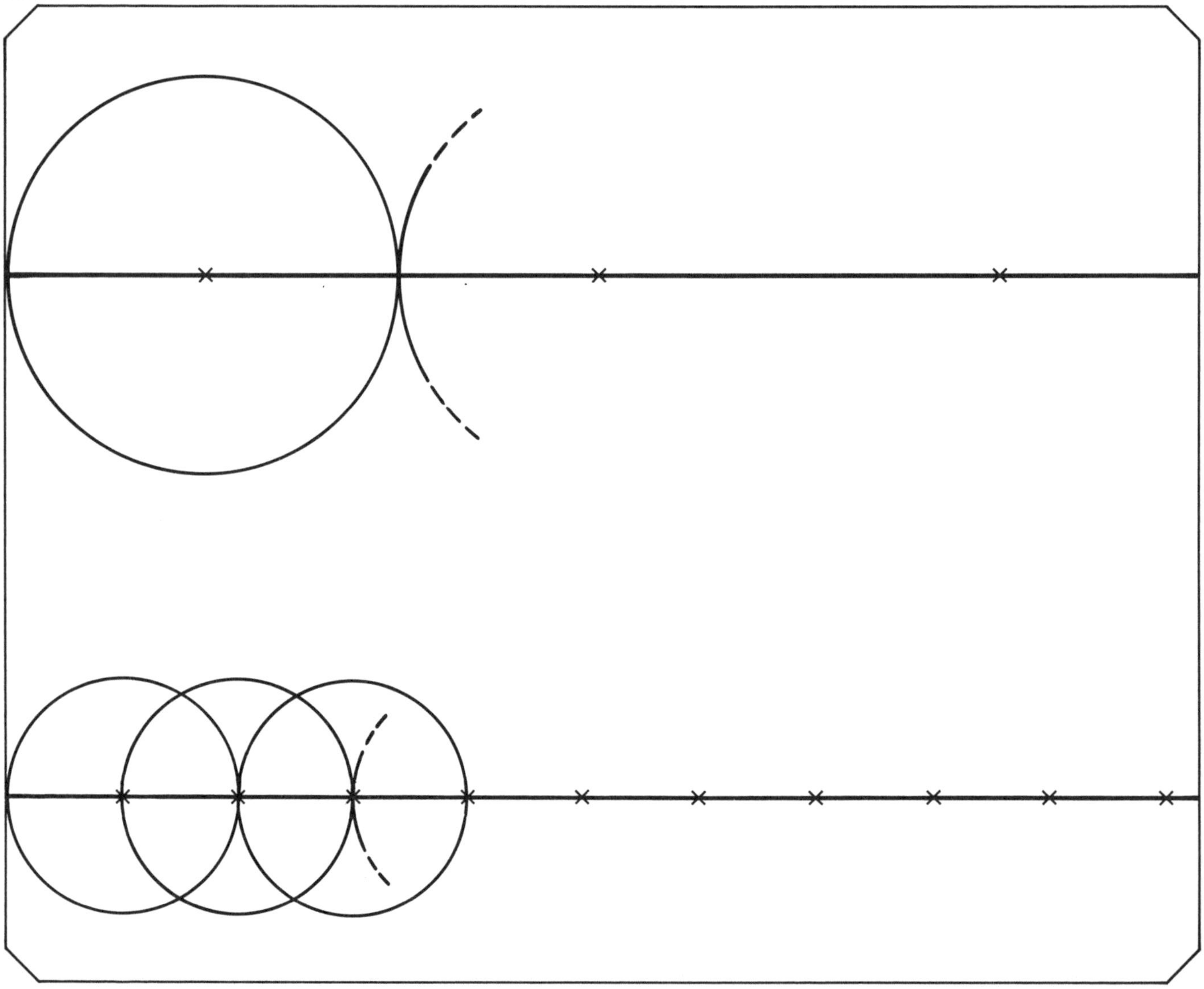

Zeichnen mit dem Geodreieck

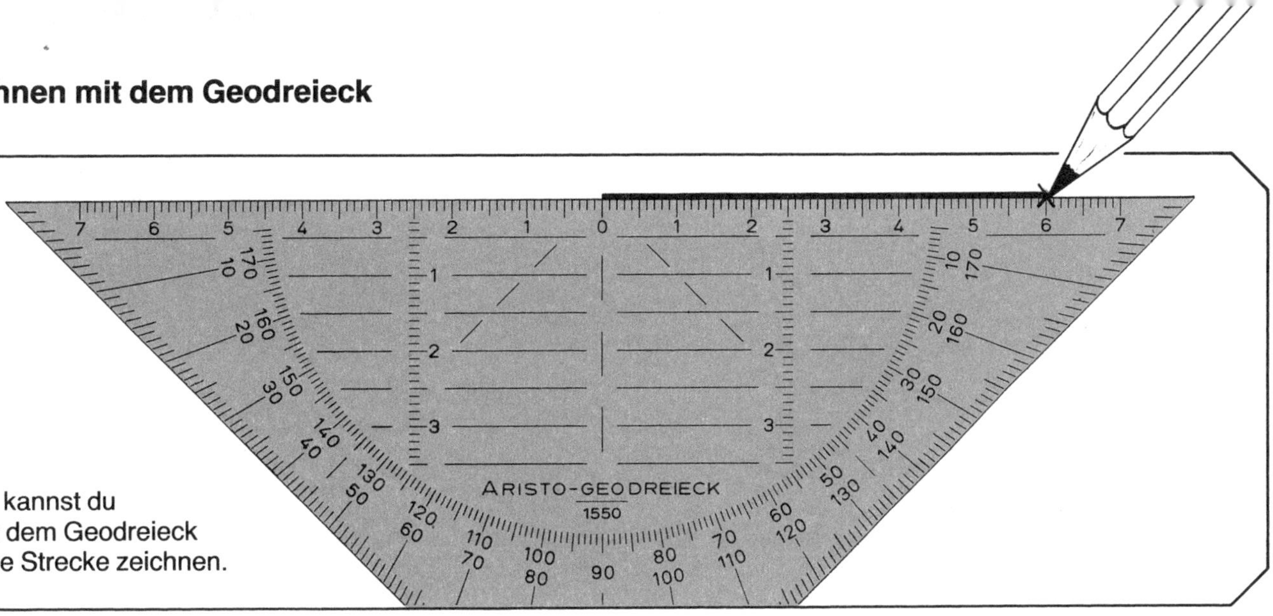

So kannst du
mit dem Geodreieck
eine Strecke zeichnen.

① Zeichne mit dem Geodreieck Strecken folgender Länge:

a) 6 cm

b) 4 cm

c) 50 mm

d) 4 cm 5 mm

② Zeichne Strecken folgender Länge in dein Heft:

a) 7 cm

b) 12 cm

c) 35 mm

d) 2 cm 3 mm

e) 61 mm

f) 9 cm

g) 5 cm 7 mm

③ Verbinde alle Punkte miteinander. Benutze dazu das Geodreieck. Wie viele Strecken sind es jeweils?

a) ________ Strecken

b) ________ Strecken

c) ________ Strecken

Parallele Linien

① Auf welchen Schienen kann die Eisenbahn fahren?

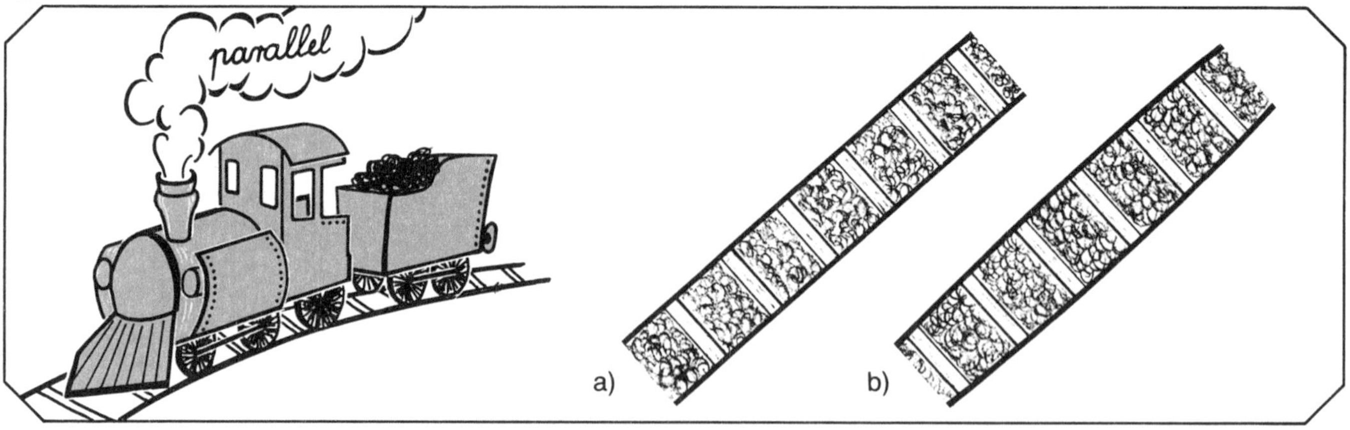

Mit dem Geodreieck kannst du parallele Linien zeichnen
oder prüfen, ob Linien parallel zueinander sind.

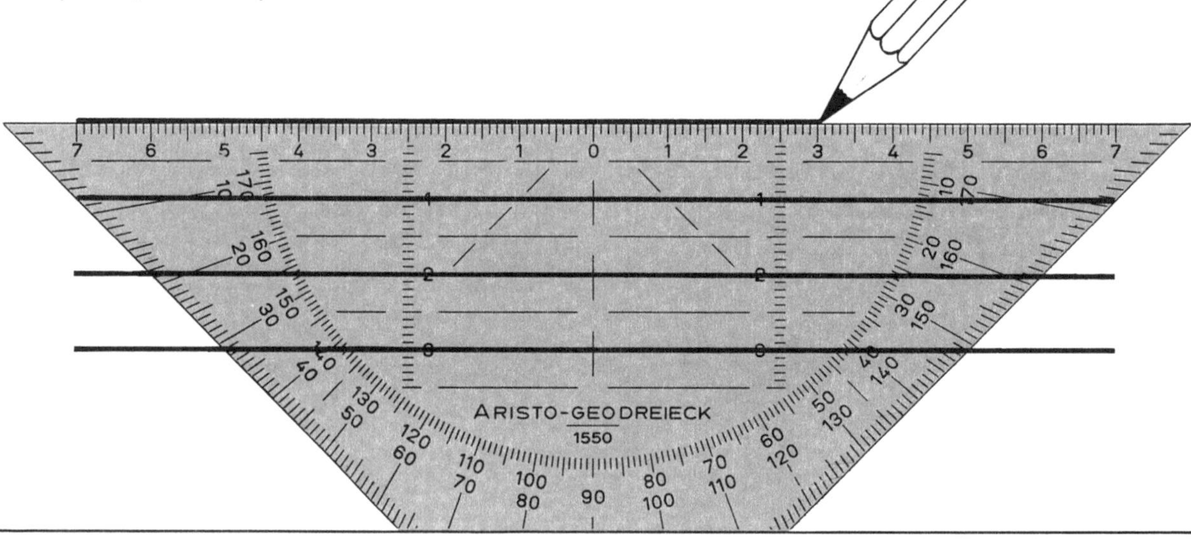

② Welche Linien sind parallel zueinander? Prüfe mit dem Geodreieck. Kreuze an.

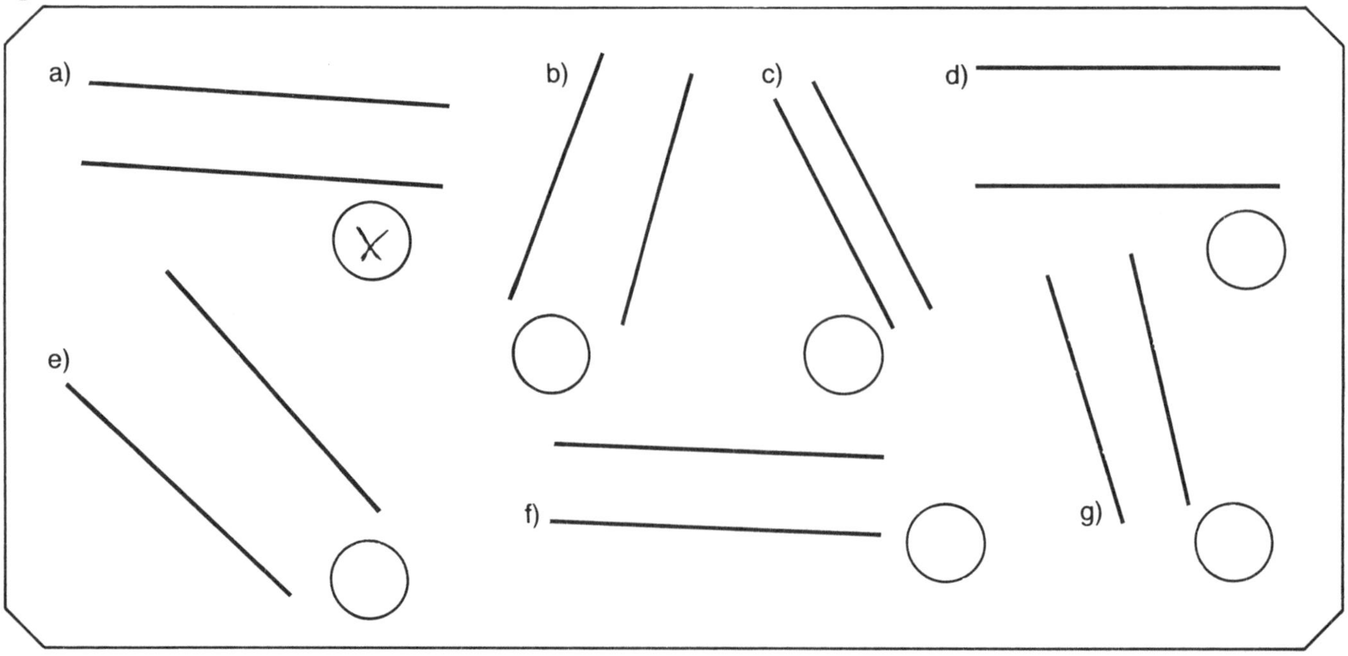

Parallele Linien

① Zeichne parallele Geraden mit folgendem Abstand:

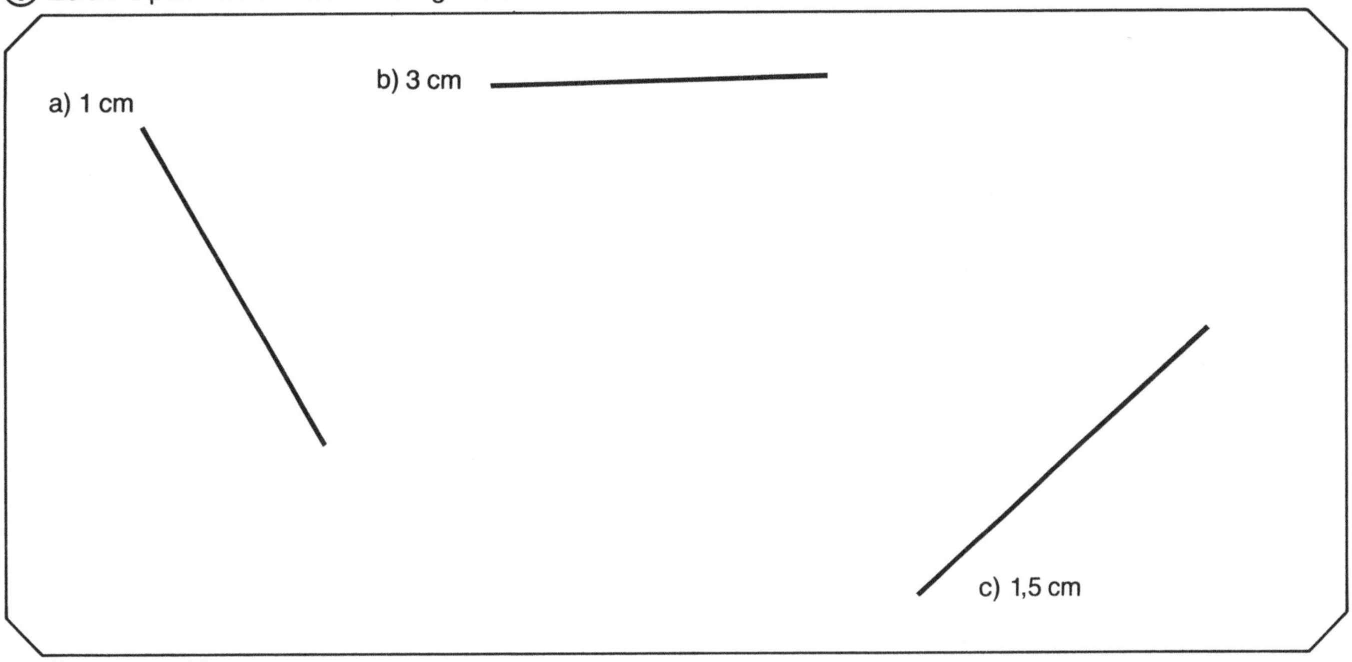

② Zeichne die Muster weiter.

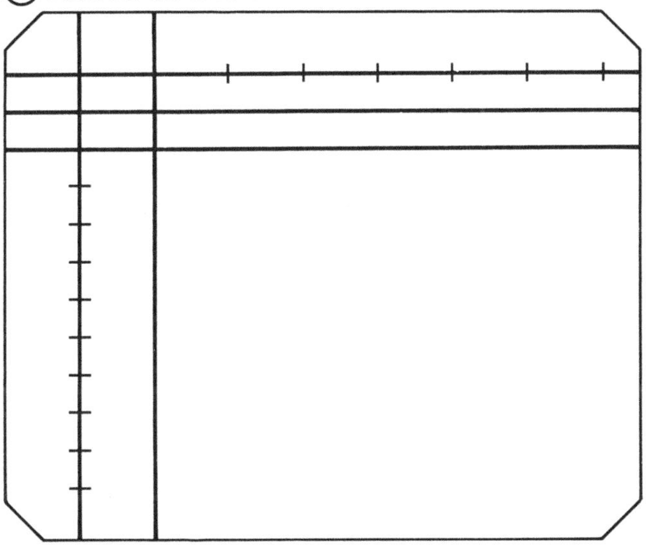

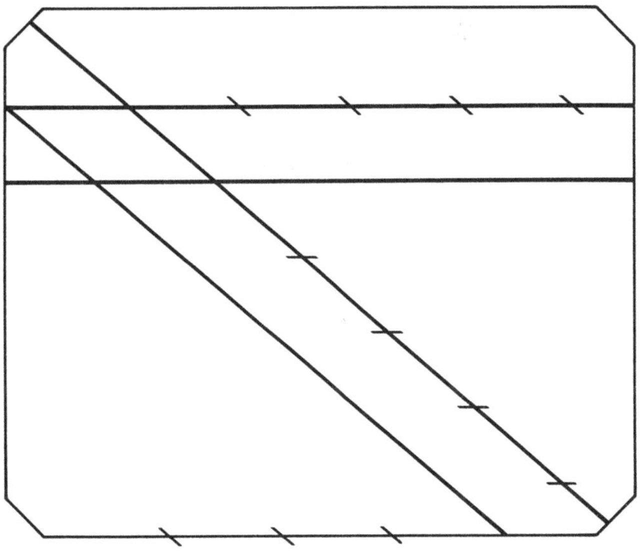

③ Übertrage die Figuren in dein Heft. Zeichne parallele Linien mit derselben Farbe nach.

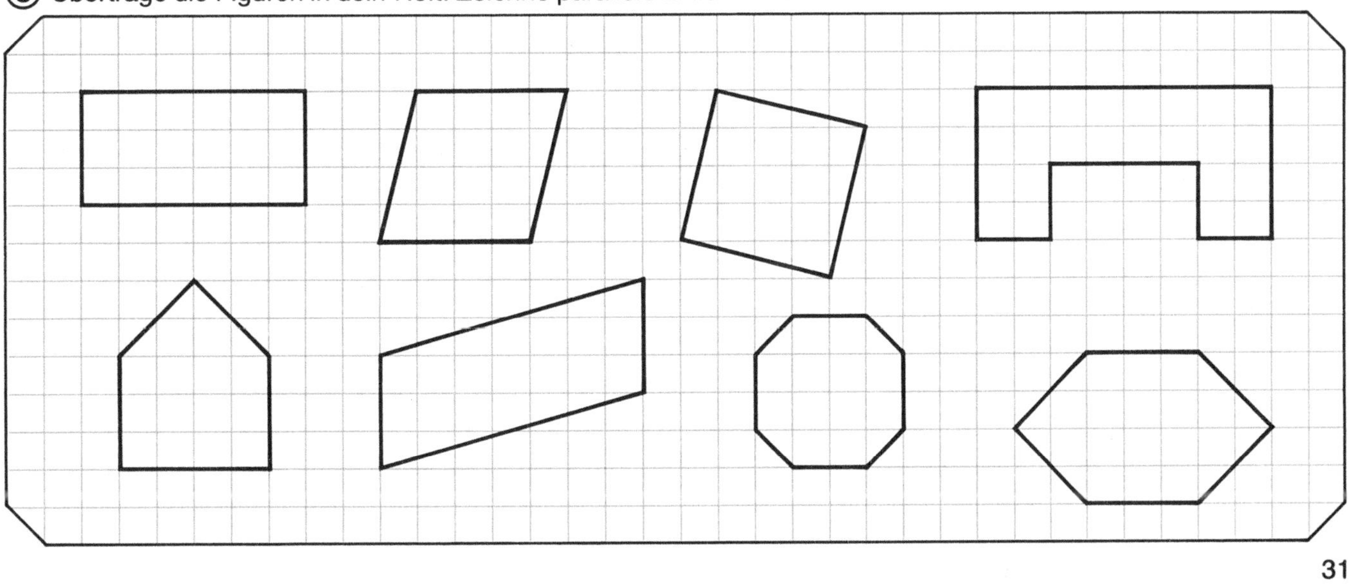

Senkrechte Linien

① Falte ein Stück Papier zweimal wie in der Zeichnung.

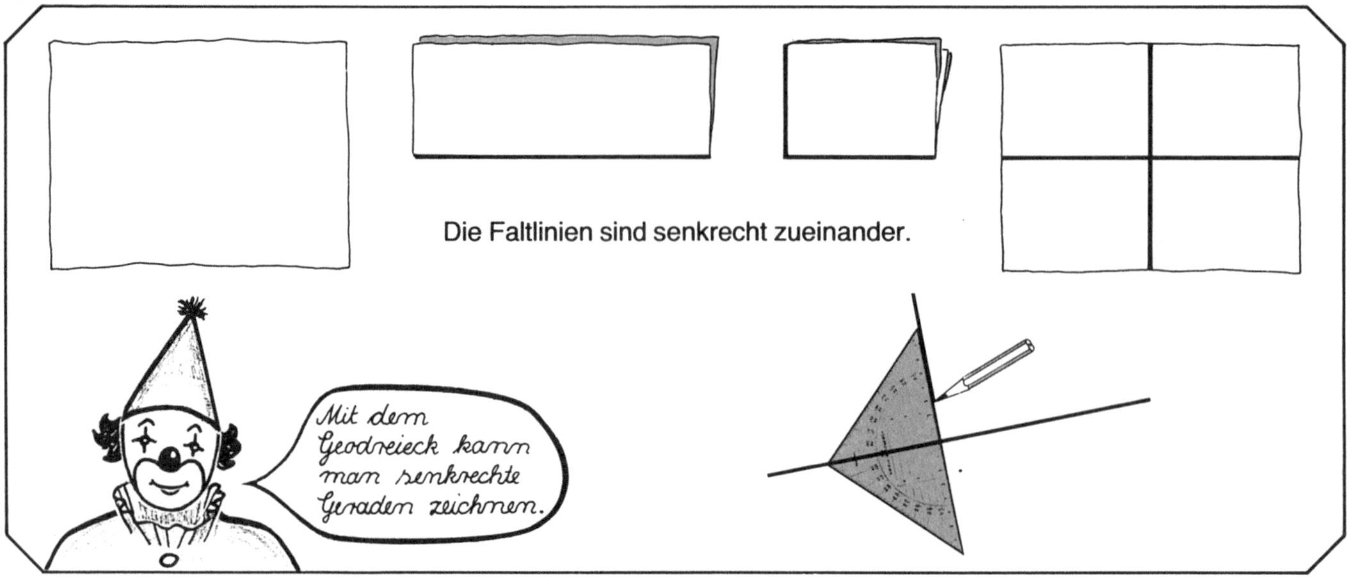

② Zeichne die Muster weiter. Mit dem Geodreieck kannst du ganz genau zeichnen.

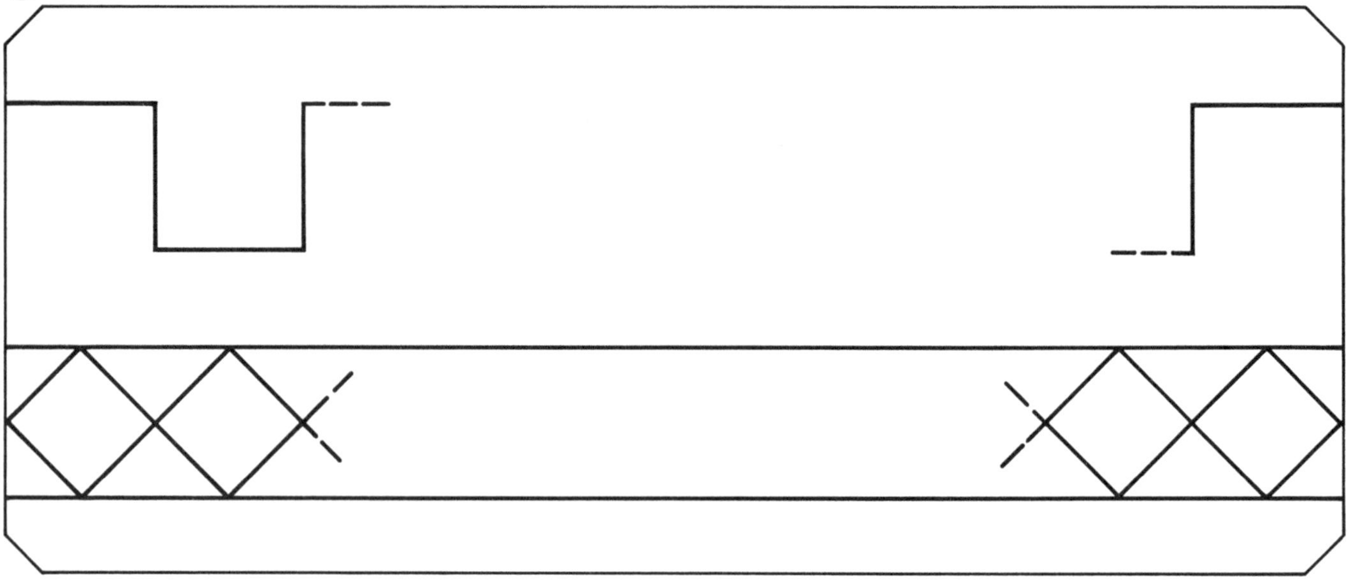

③ Suche mit dem Geodreieck a) parallele b) senkrechte Linien. Zeichne sie farbig nach.

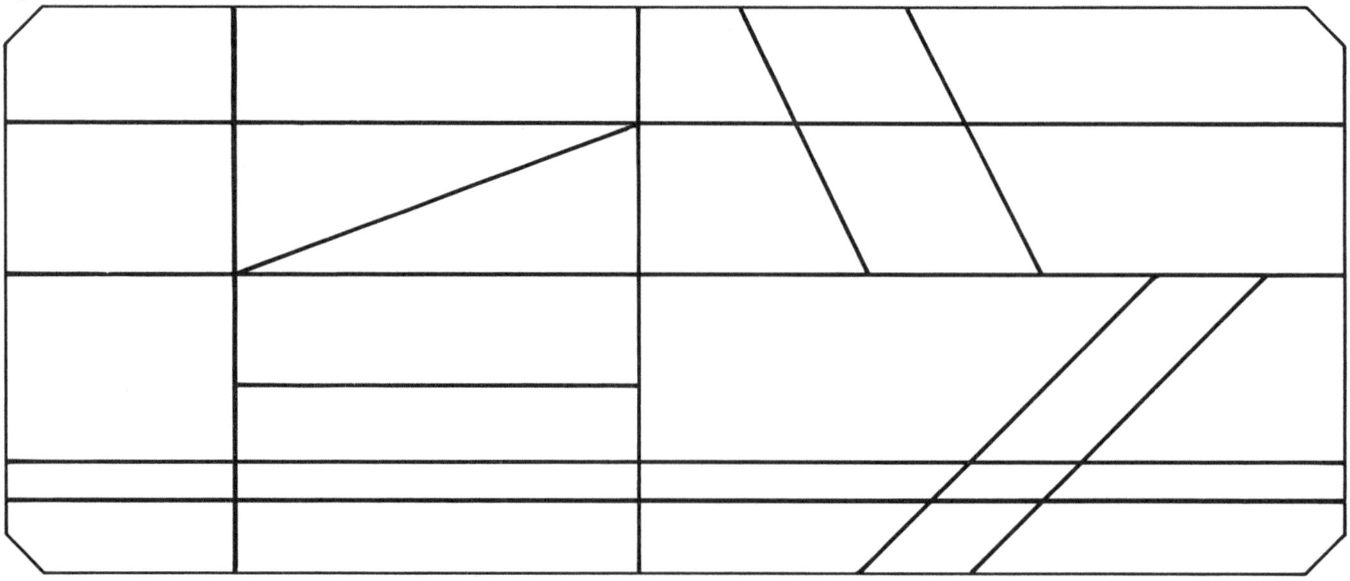

Senkrechte Linien

So kannst du mit dem Geodreieck ein Rechteck zeichnen.

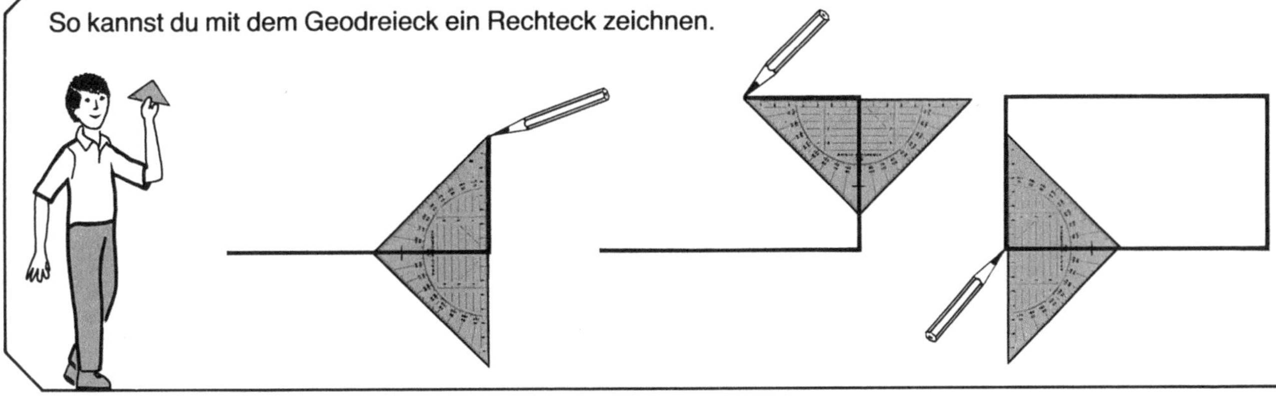

① Zeichne Rechtecke in dein Heft:

a) 5 cm lang, 2 cm breit
b) 1 cm lang, 4 cm breit
c) 6 cm lang, 3 cm breit

② Zeichne die Rechtecke mit dem Geodreieck zu Ende.

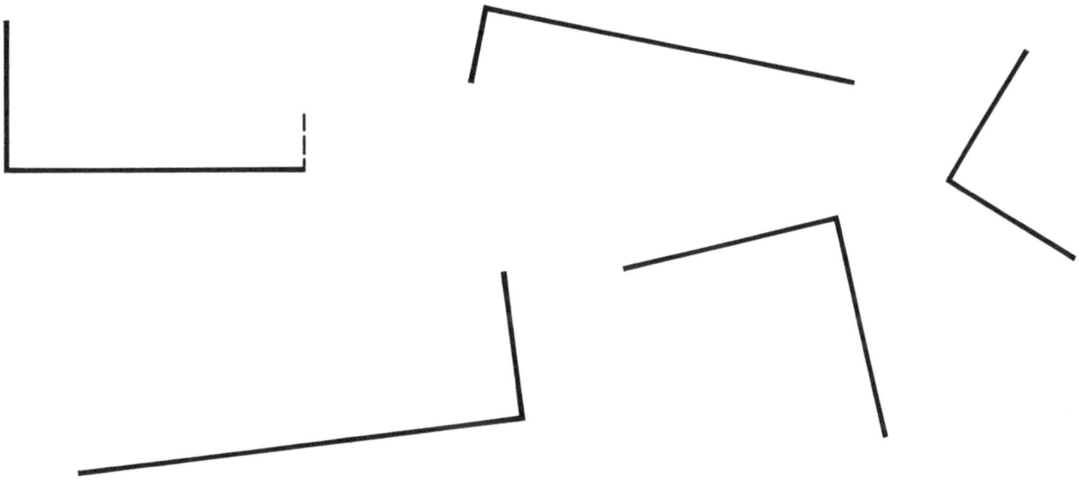

③ Übertrage die Buchstaben verkleinert in dein Heft. Zeichne jede Strecke halb so lang. Benutze dein Geodreieck.

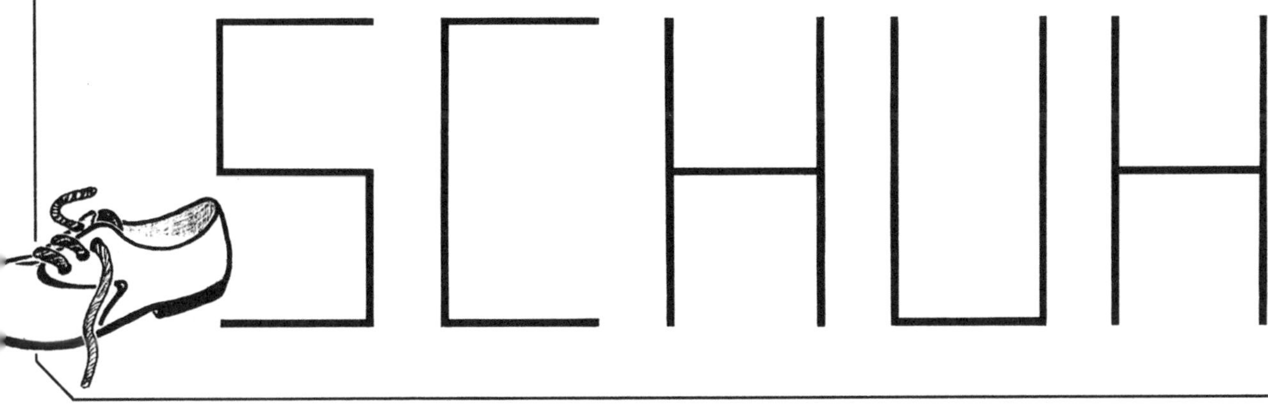

Rechte Winkel

① Falte ein Stück Papier zweimal. Die beiden Faltlinien sollen aufeinander liegen.

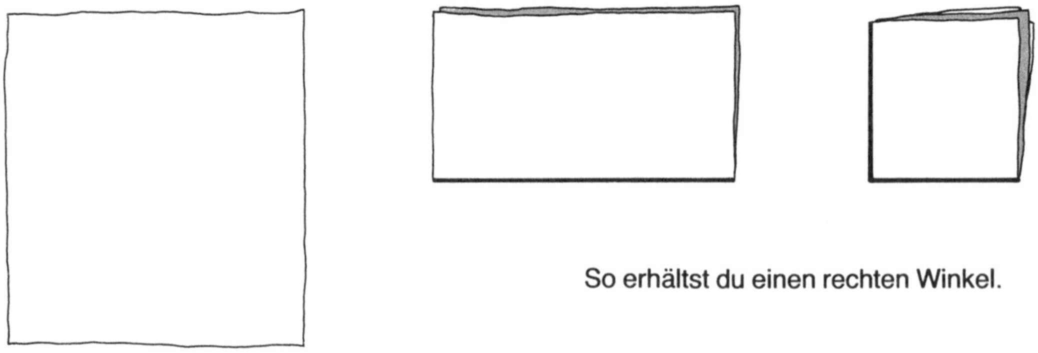

So erhältst du einen rechten Winkel.

Falte das Papierstück wieder auseinander und zeichne die Faltlinien rot nach. Wie viele rechte Winkel erhältst du?

② Wo siehst du in der Zeichnung rechte Winkel? Prüfe mit einem Faltwinkel.

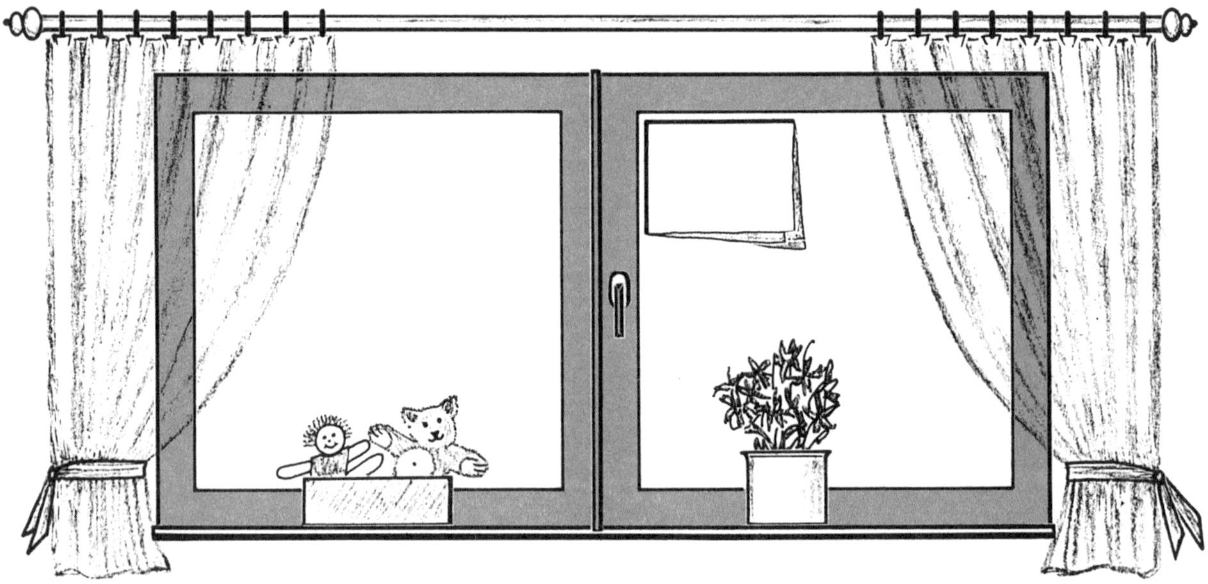

Wo gibt es in deinem Zimmer überall rechte Winkel? Prüfe mit einem Faltwinkel.

So kannst du mit dem Geodreieck rechte Winkel zeichnen.

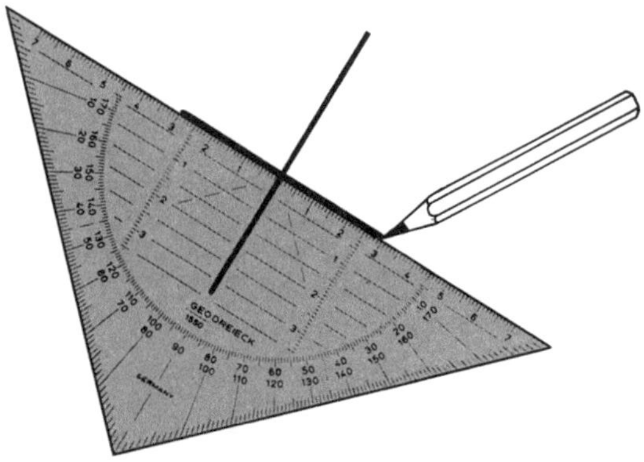

Zeichne 3 rechte Winkel auf die Gerade.

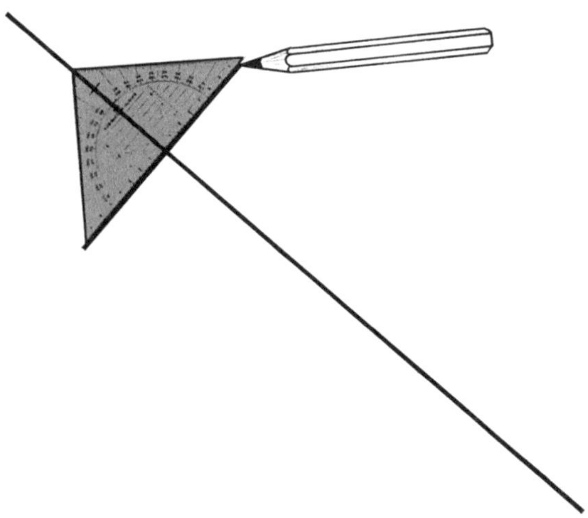

Muster und Figuren

① Zeichne die angefangenen Muster zu Ende.

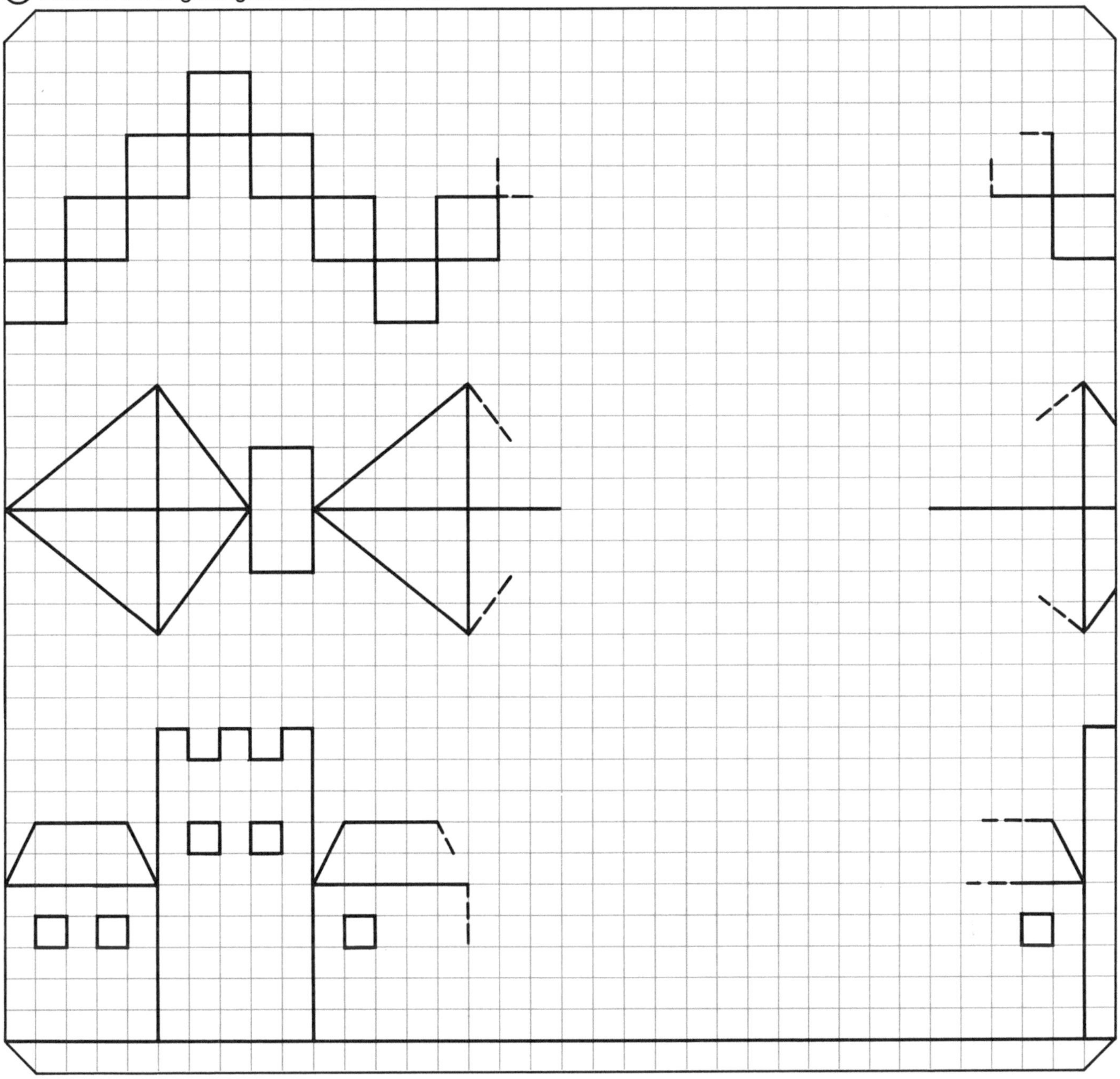

② Denke dir selbst Muster aus.

Muster und Figuren

Setze die Muster fort.

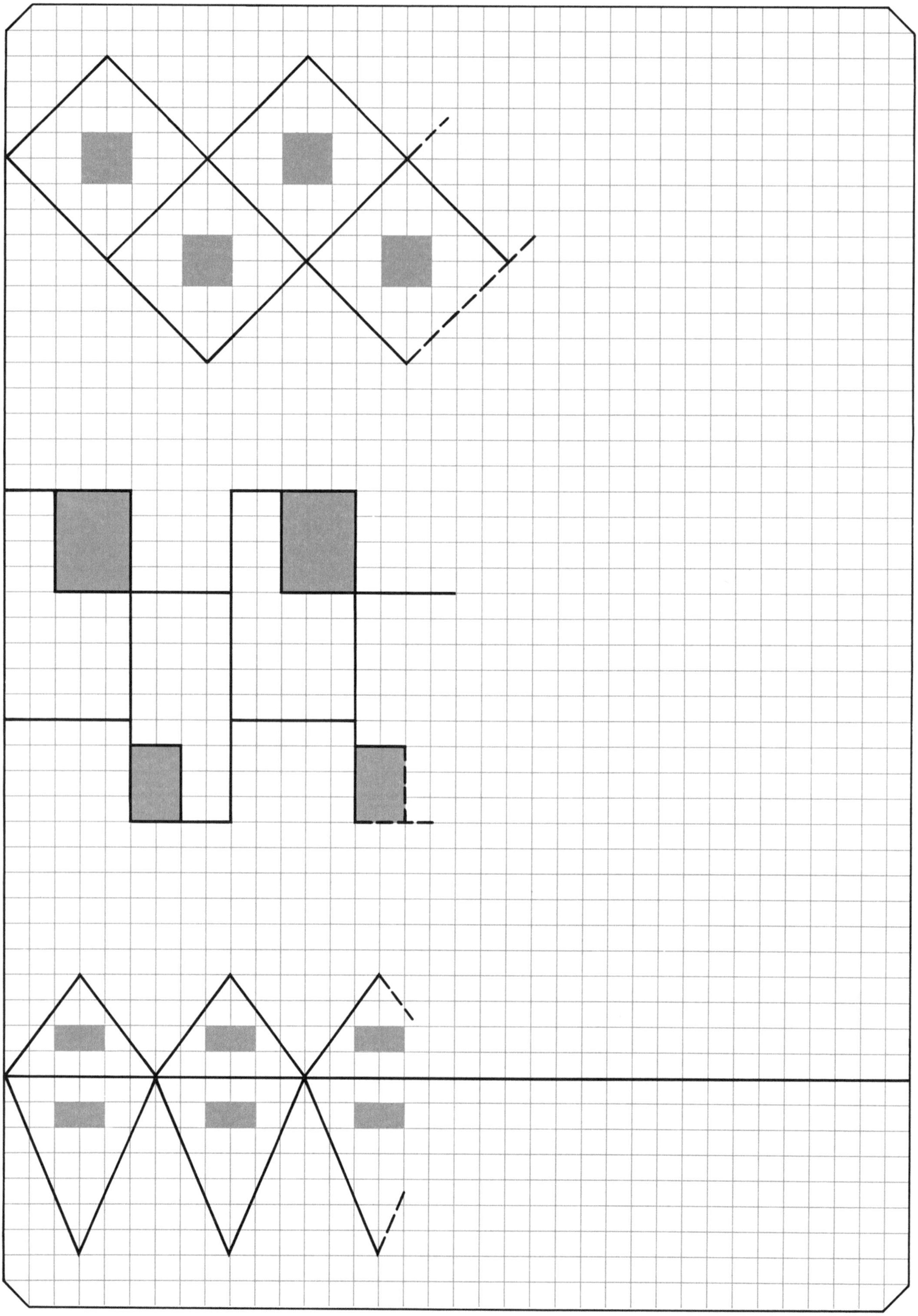

Rechte Winkel

① Markiere alle rechten Winkel. Wie viele sind es in jeder Figur?

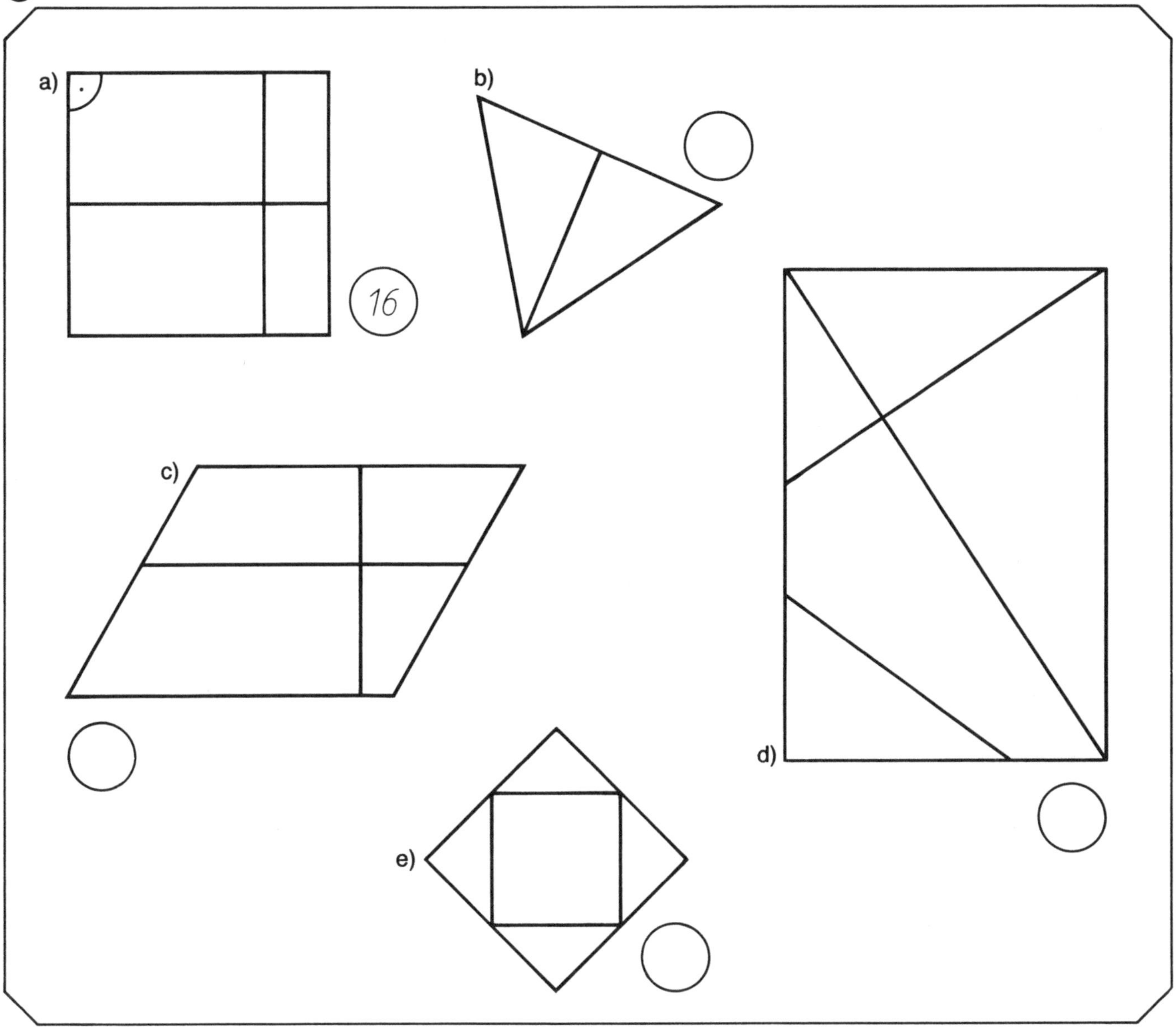

② Immer 4 Strecken sind gleich lang. Miss nach.
Zeichne Quadrate mit denselben Seitenlängen in dein Heft.

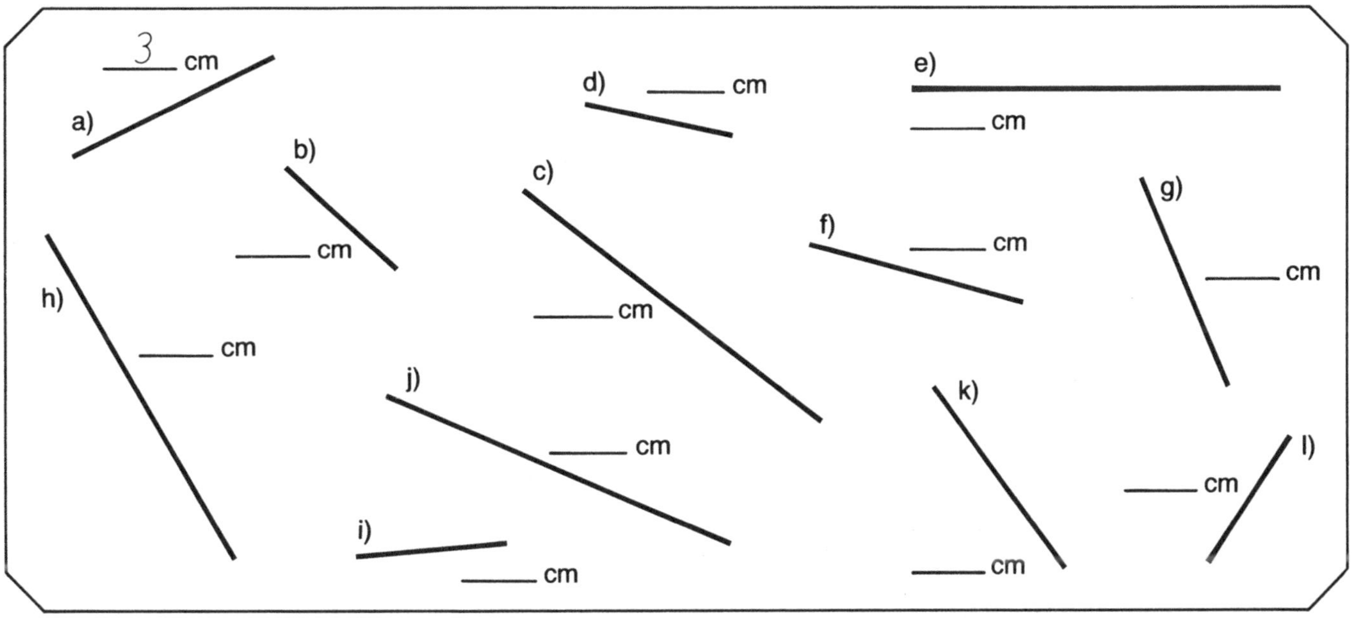

Figuren mit Spiegelachsen

①

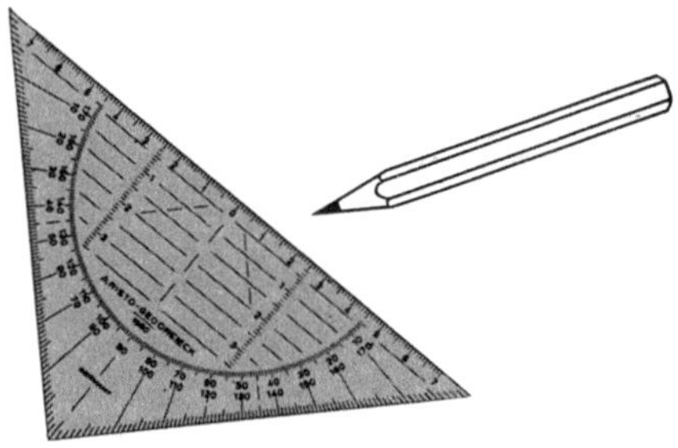

Zeichne auf ein Blatt Papier ein Quadrat.
Die Seiten sollen 15 cm lang sein. Schneide das Quadrat aus.
Suche Spiegelachsen. Überprüfe durch Falten.

Ein Quadrat hat ________ Spiegelachsen.

② Ergänze die Figuren spiegelbildlich.

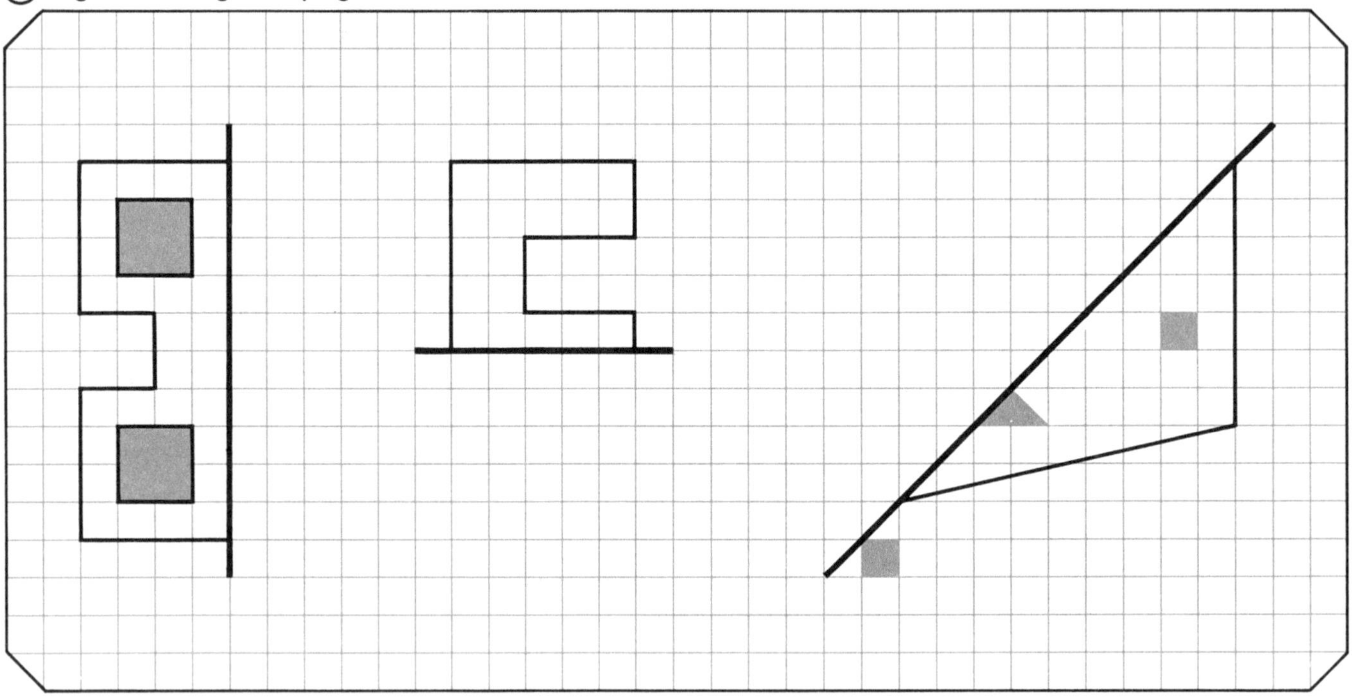

③ Welche Figuren sind symmetrisch? Zeichne die Spiegelachsen farbig ein.

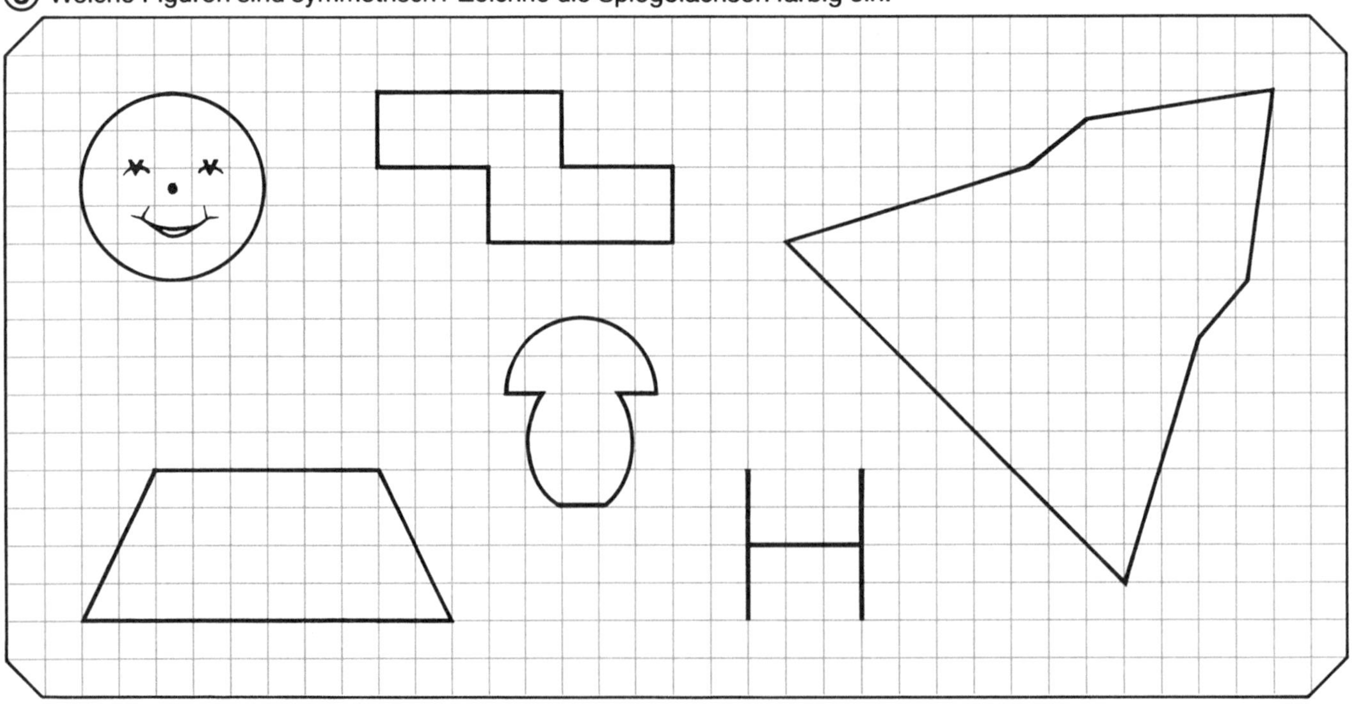

Figuren mit Spiegelachsen

① Zeichne spiegelbildliche Häuser auf die gegenüberliegende Straßenseite. Nimm einen Spiegel zu Hilfe.

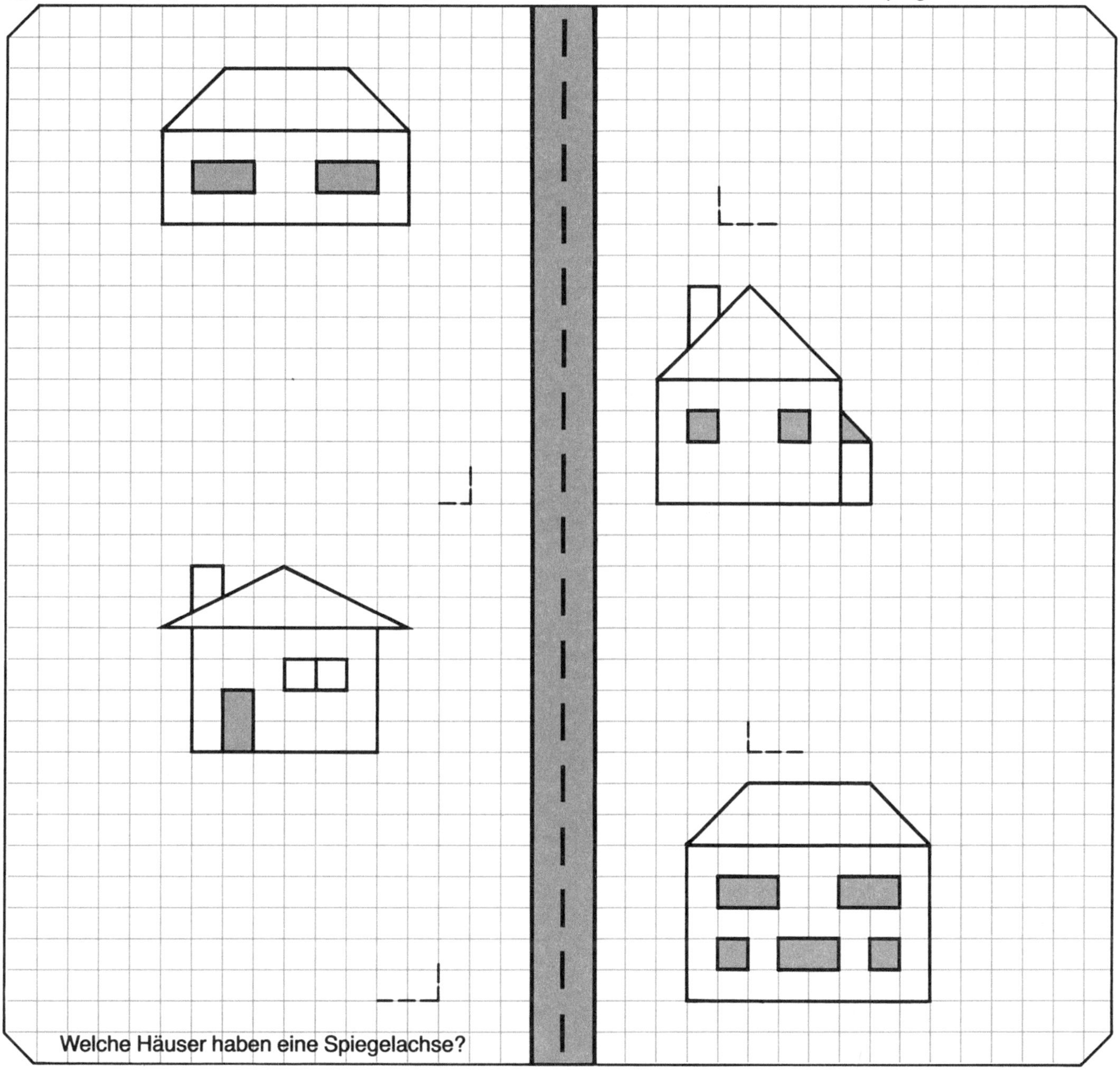

Welche Häuser haben eine Spiegelachse?

② Zeichne drehsymmetrische Figuren.

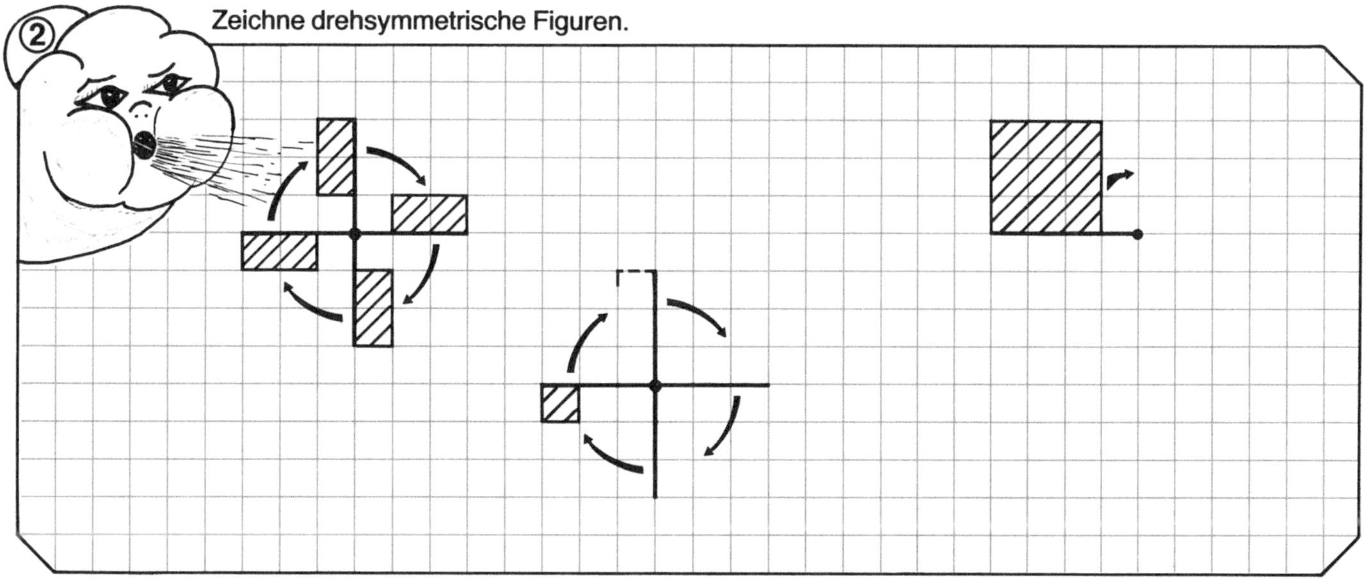

Maßstab

① Wie groß ist das Gespenst in Wirklichkeit?

Das Gespenst ist im Maßstab 1 : 25 gezeichnet.

Maßstab 1 : 25 heißt:
1 cm in der Zeichnung sind 25 cm in Wirklichkeit.

② Zeichne die Figuren a) im Maßstab 1:2 b) im Maßstab 1 : 4

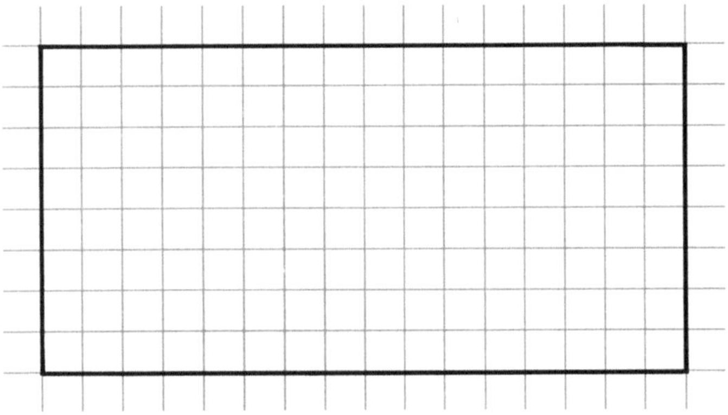

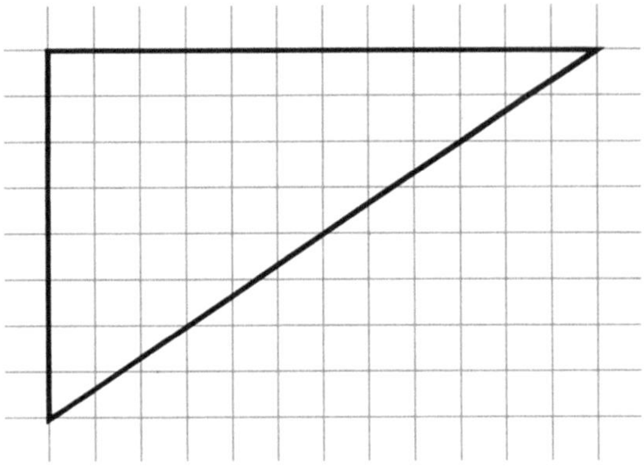

a) Maßstab 1 : 2

b) Maßstab 1 : 4

Maßstab

① Die Karte von der Schatzinsel ist im Maßstab 1 : 100 000 gezeichnet.
Wie weit ist der Weg vom Leuchtturm bis zum Schatz?

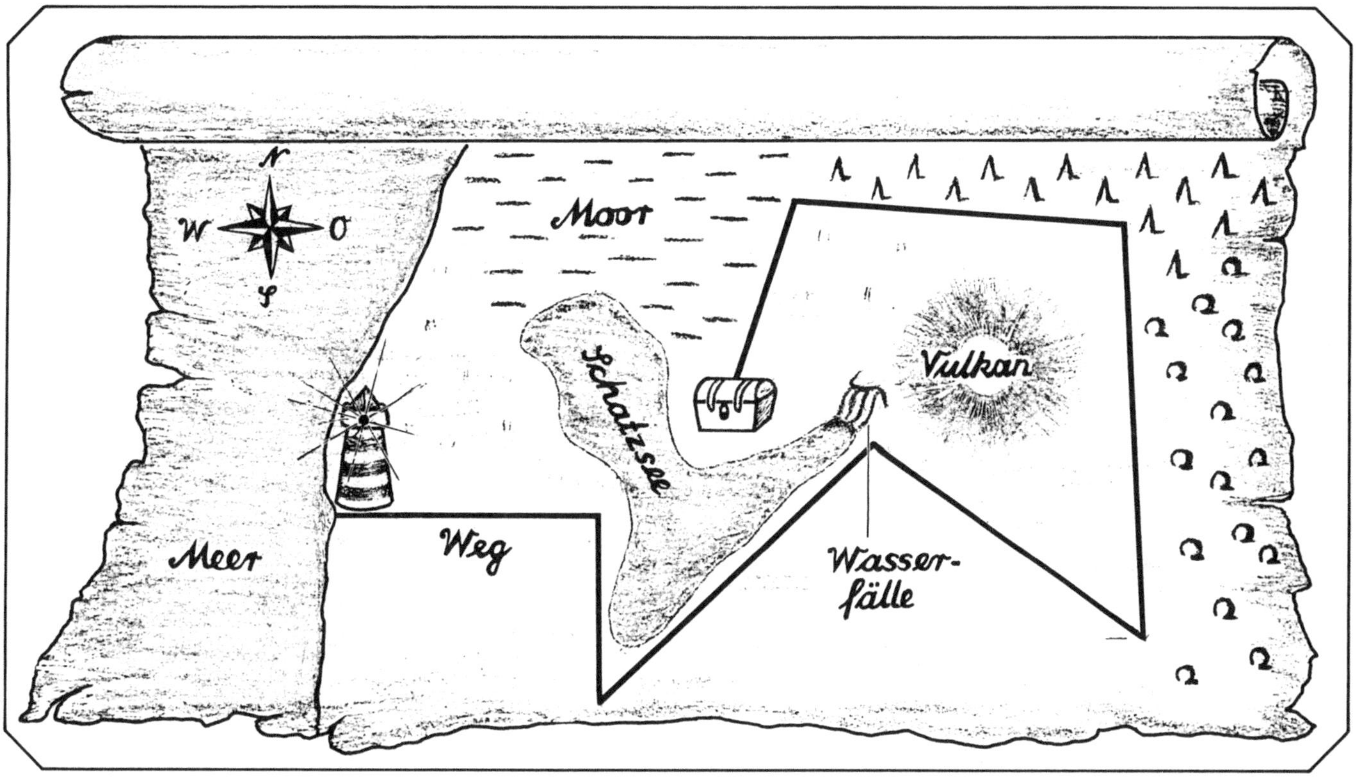

② Stadtplan

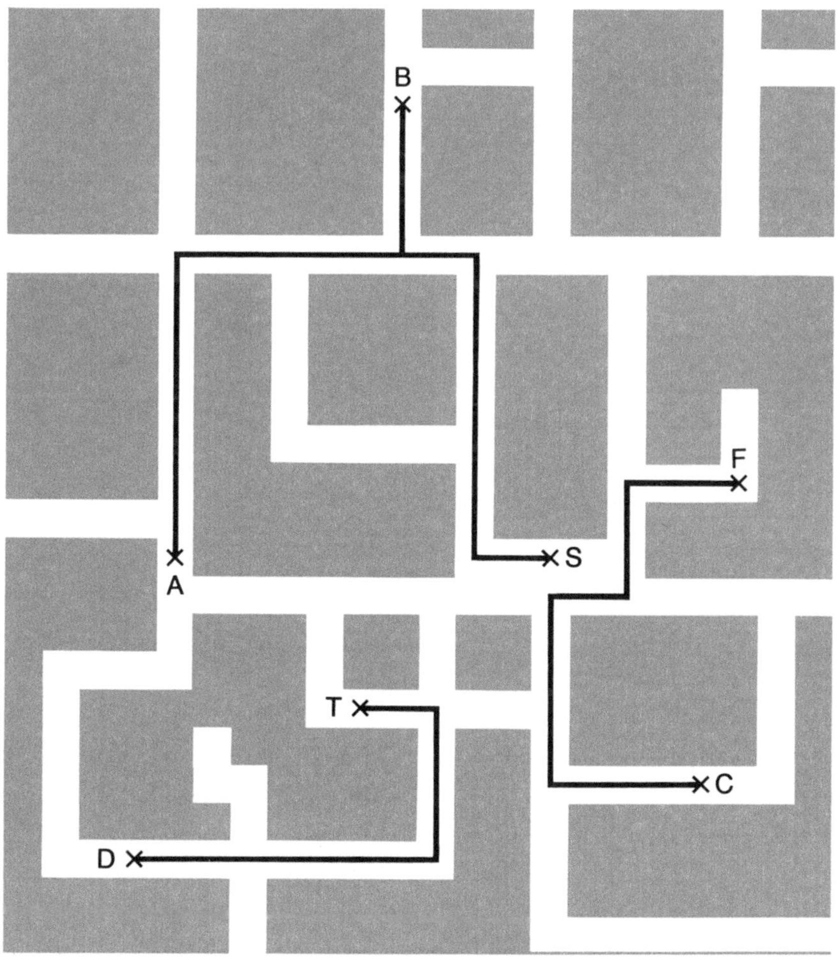

Der Stadtplan ist im Maßstab 1 : 10 000 gezeichnet.

a) Wie weit ist es von Familie A zu Familie B? _____ m

b) Wie weit ist es von Familie B bis zum Supermarkt S? _____ m

c) Wie weit ist es von Familie C bis zum Friseur F? _____ m

d) Wie weit ist es von Familie D bis zum Theater T? _____ m

Größe von Flächen

Zähle die Anzahl der Kästchen in den Rechtecken und trage sie in die Tabelle ein.
Miss die Länge und Breite der Rechtecke und trage sie in die Tabelle ein.

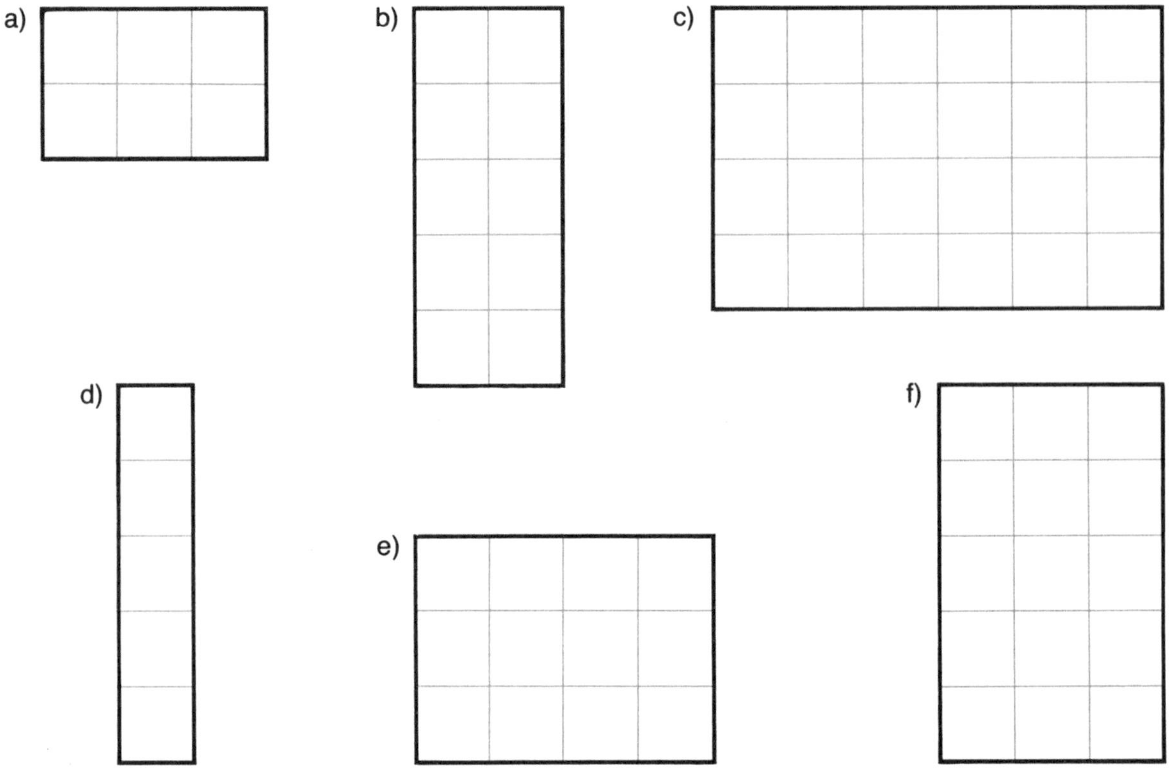

Rechteck	Anzahl der Kästchen	Länge	Breite
a)		cm	cm
b)		cm	cm
c)		cm	cm
d)		cm	cm
e)		cm	cm
f)		cm	cm

Größe und Umfang von Flächen

① Wie viele Fliesen werden benötigt?

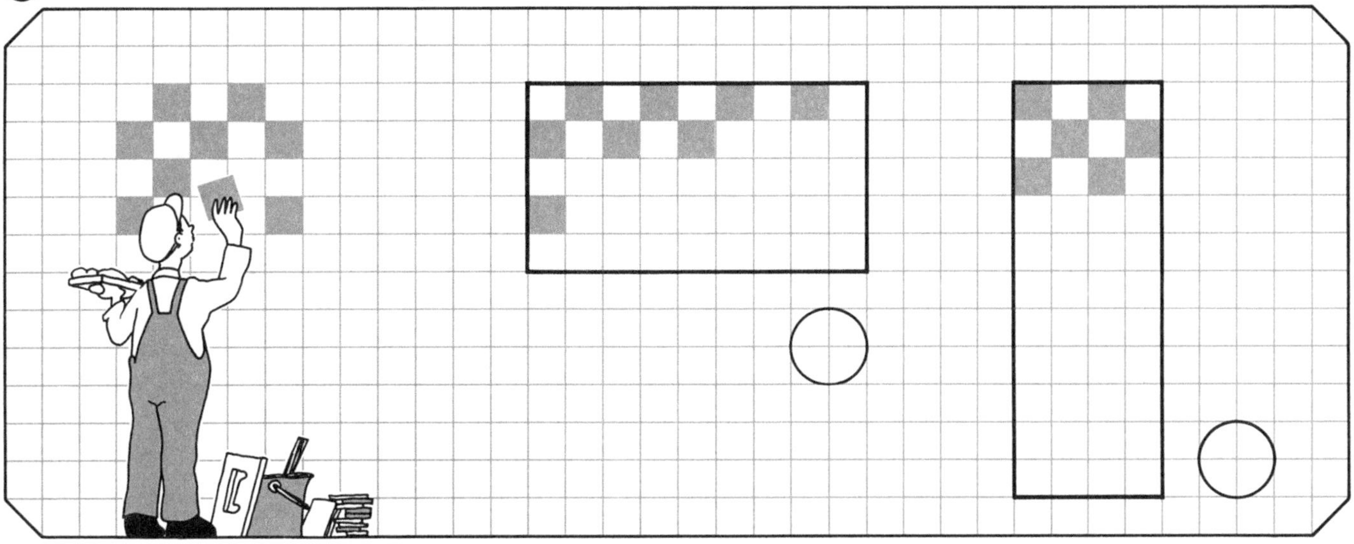

② Welche Fläche ist am größten? Schätze zuerst. Gib dann die Flächengröße durch die Anzahl der Kästchen an.

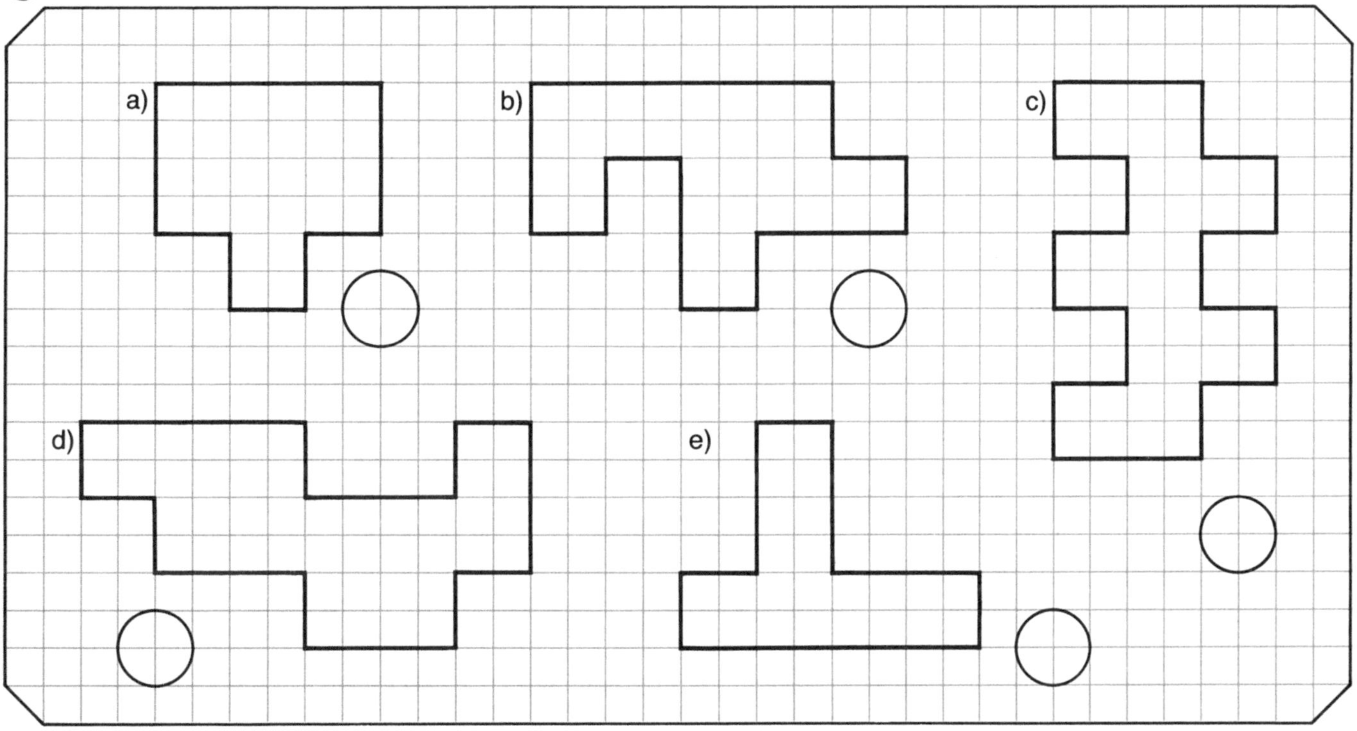

Weißt du noch?

Die Länge der Umrandung einer Figur nennen wir den Umfang der Figur.

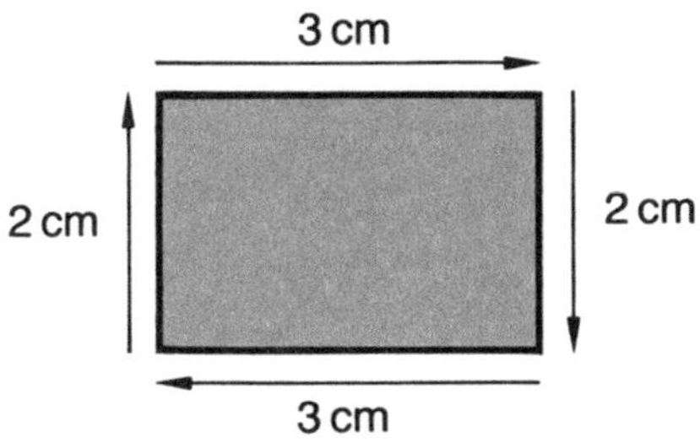

Umfang: 2 cm + 3 cm + 2 cm + 3 cm = 10 cm

③ Welchen Umfang haben die Figuren in Aufgabe 2?

Figur	Umfang
a)	cm
b)	cm
c)	cm
d)	cm
e)	cm

Körperformen

① Wie heißen die Körper?

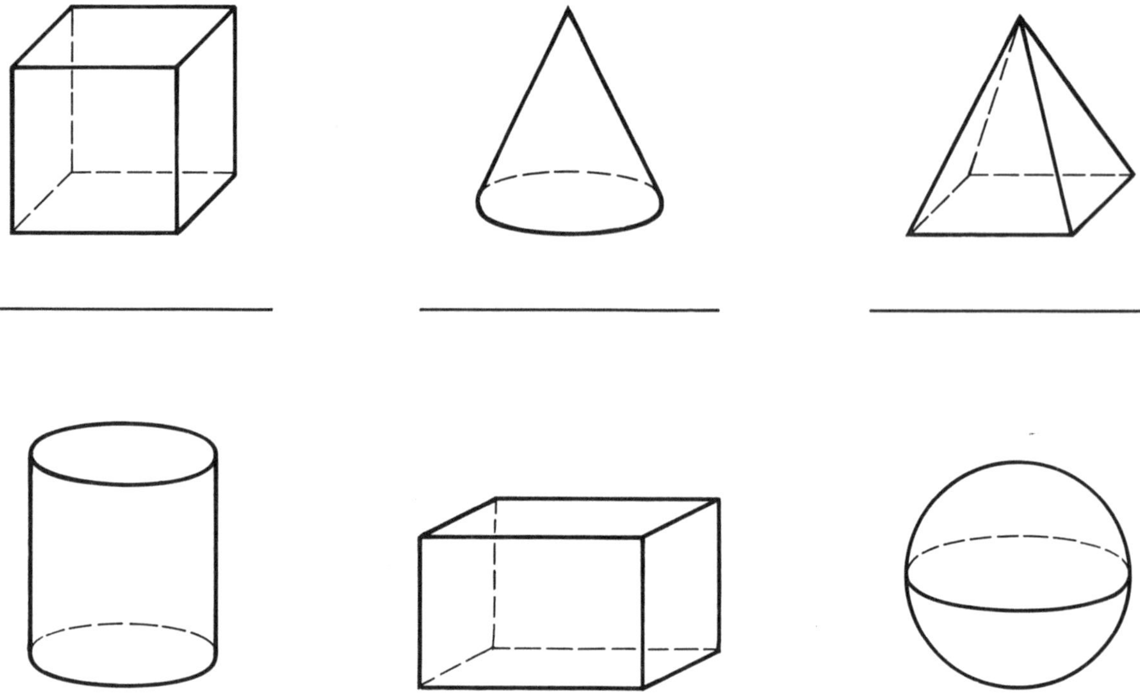

② Nenne Beispiele und trage sie in die Tabelle ein.

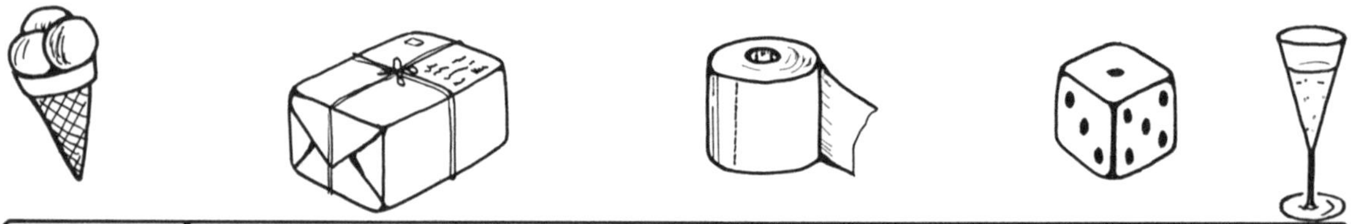

Würfel	
Kegel	
Pyramide	
Zylinder	
Quader	
Kugel	

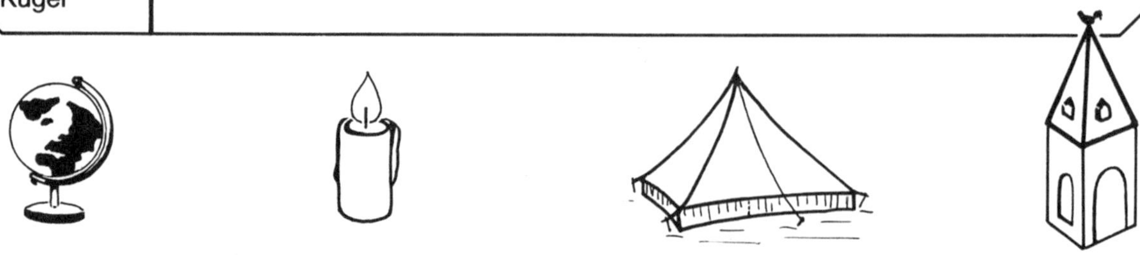

Körper - Ecken, Kanten, Flächen

Wie viele Flächen, Kanten und Ecken haben die Körper?

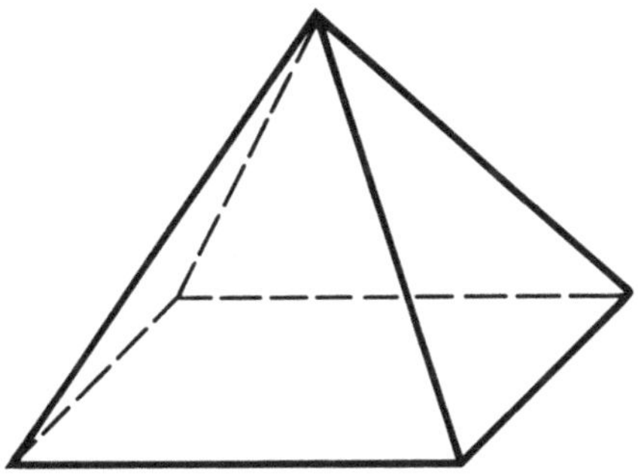

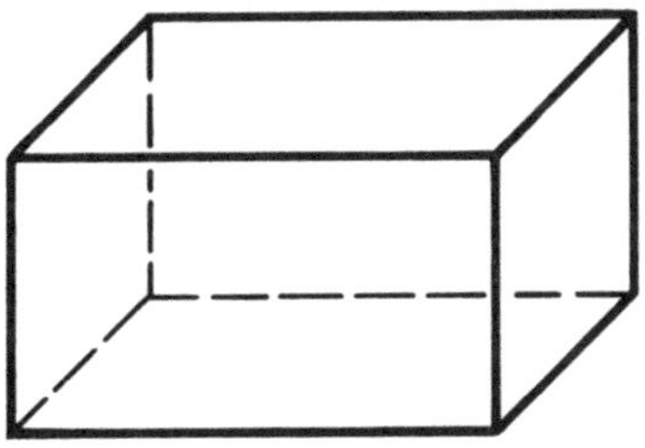

Körper	Anzahl der Flächen	Anzahl der Kanten	Anzahl der Ecken
Würfel			
Quader			
Zylinder			
Kegel			
Pyramide			
Kugel			

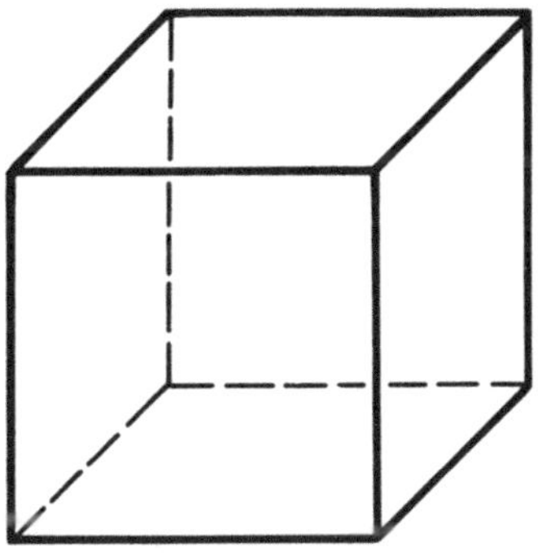

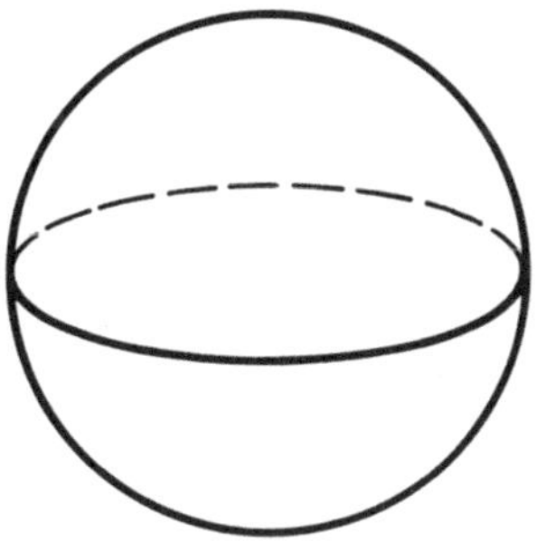

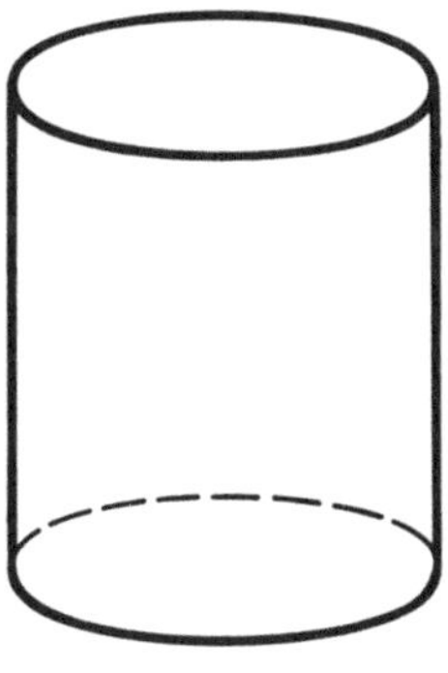

Körperformen - Netze

① Ordne jedem Körper das passende Körpernetz zu.

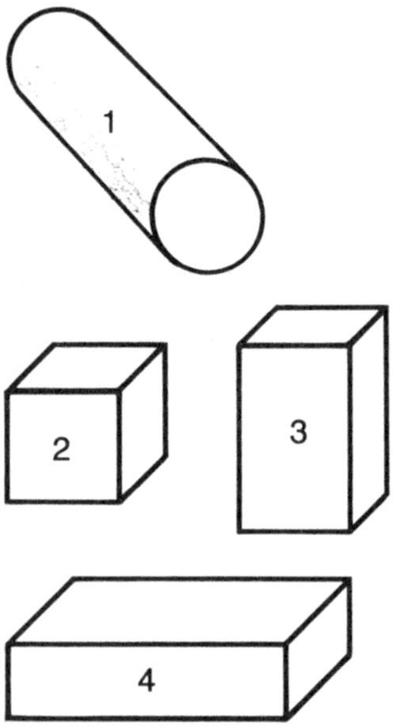

1	2	3	4

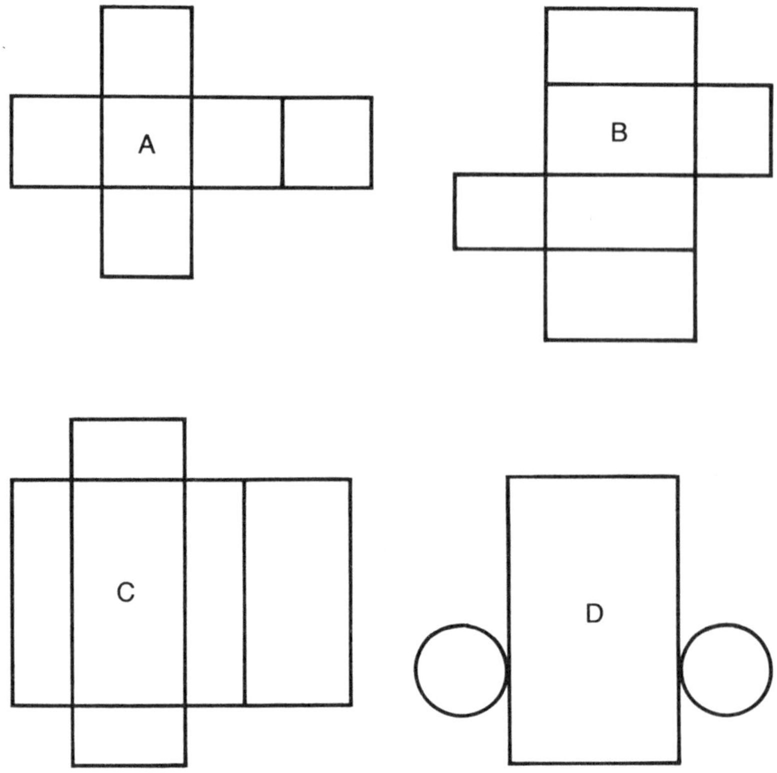

② Male alle Würfel und Quader blau, alle Kugeln und Zylinder rot und alle Pyramiden und Kegel grün an.

Würfel und Quader - Netze

① Aus welchen Netzen kannst du einen Würfel oder Quader bauen? Kreuze an.

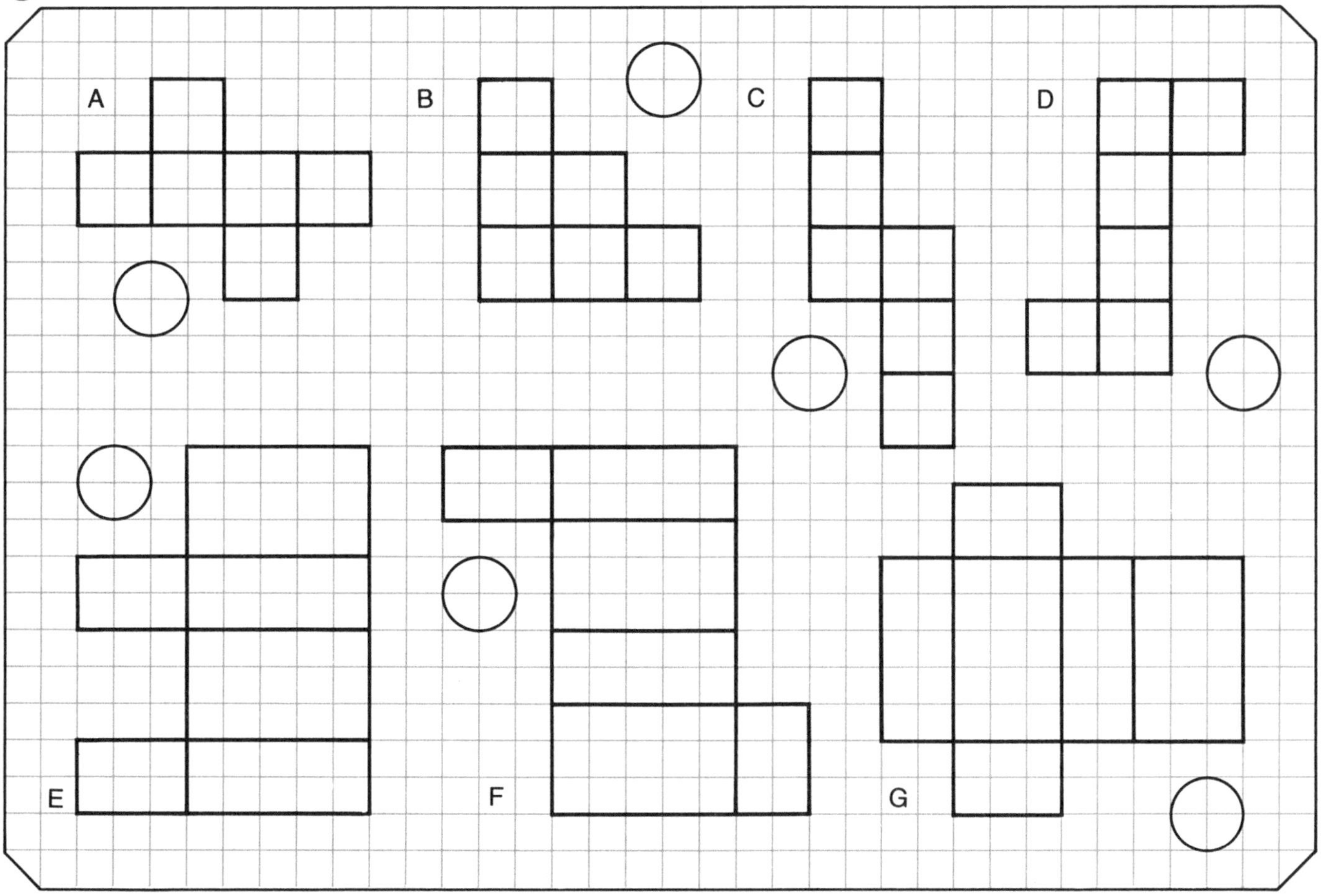

② An jedem Netz fehlt ein Teil. Zeichne das fehlende Teil ein.

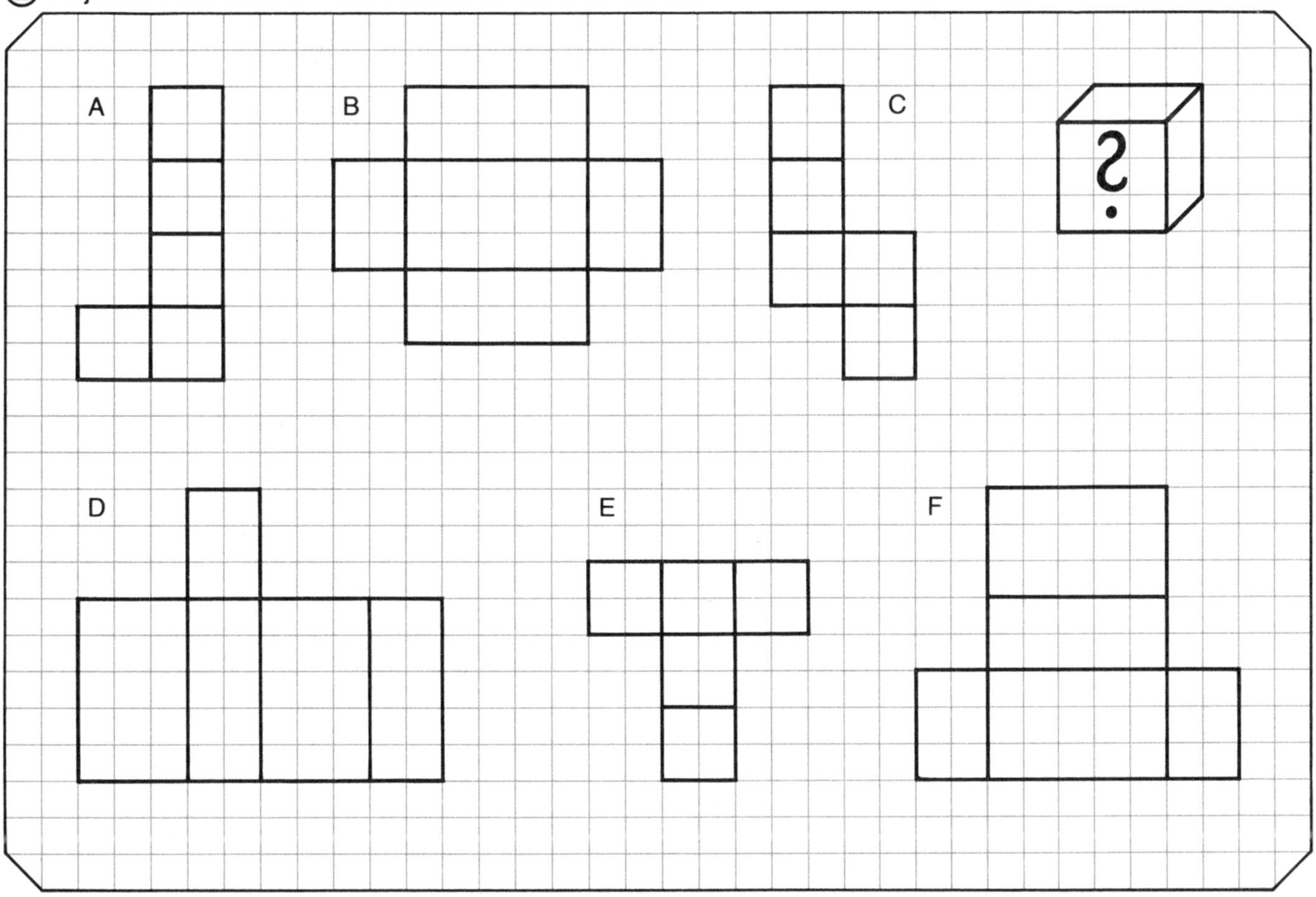

Zusammensetzen von Figuren

Schneide das Quadrat aus und klebe es auf Pappe.
Schneide es dann an den Linien entlang auf. Du erhältst sieben Teile.
Lege aus diesen Teilen a) ein Quadrat, b) ein Rechteck.
c) Denke dir selbst Figuren aus und lege sie.

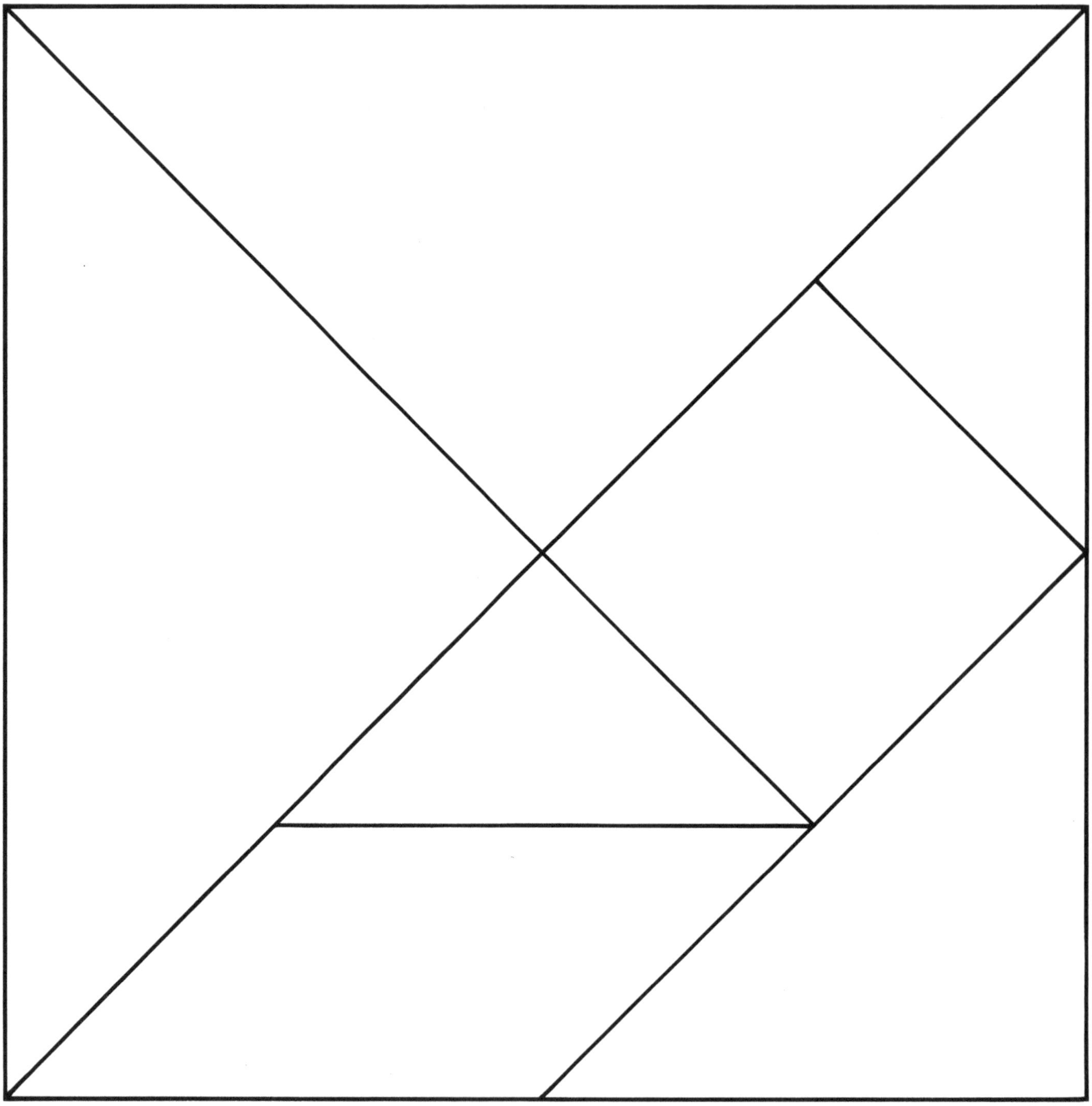